非凡人生
李德汉传

●（比利时）亨利·勒德汉德勒（李德汉） 口述

●（比利时）塞尔日·佩鲁 文字整理

外文出版社
FOREIGN LANGUAGES PRESS

图书在版编目（CIP）数据

非凡人生：李德汉传 /(比) 李德汉著．-- 北京：外文出版社，2013

ISBN 978-7-119-08623-1

Ⅰ．①非… Ⅱ．①李… Ⅲ．①李德汉，H. —自传Ⅳ．① K835.647

中国版本图书馆 CIP 数据核字 (2013) 第 263538 号

著作权合同登记图字：01-2013-8212

翻　　译：宫结实　张永昭　王　默　姜丽莉　何　丹

翻译审定：宫结实

中文审定：王传民

责任编辑：杨春燕　杨　璐

装帧设计：嘉信一丁

印刷监制：冯　浩

非凡人生——李德汉传

（比利时）亨利·勒德汉德勒（李德汉）　口述

（比利时）塞尔日·佩鲁　文字整理

出版人：徐　步

出版发行：

外文出版社有限责任公司（中国北京百万庄大街 24 号 100037）

http://www.flp.com.cn

电话：（010）68320579（总编室）　（010）68995852（发行部）

（010）68327750（版权部）　（010）68996190（编辑部）

印制：北京信彩瑞禾印刷厂

开本：787mm × 1092mm　1/16

印张：12　　字数：150 千字

装别：平装

版次：2014 年第 1 版　2014 年第 1 版第 1 次印刷

书号：ISBN 978-7-119-08623-1

定价：40.00 元

献给所有令我存活的人
以及所有我所热爱的人

献给多迪、达尼埃尔、埃里克、贝内迪克特、诺埃密、纳唐、居里安、爱丽丝

序　　言

塞尔日·佩鲁将我的谈话忠实地记录下来并加以整理。而成书后我却突生疑窦：我是否应该把个人经历，我的苦痛、反叛、幻想、怀疑、失败、成功等等，公之于众？读者是否会认为我自吹自擂，给自己脸上贴金？我出生、成长在野蛮年代，从小好斗，而最后却明白了“不符合司法要求和客观实际的控告都是无效的[①]”。这是否会让读者错愕？如今，我生活无忧，却支持那些为了更加美好公正的世界而奋斗的人们。

我要对那些有以上疑问的读者说，“皮鞋的声响强过拖鞋的沉默[②]”。我要对他们说，就像我过去一直站在为幸福或自由斗争的人们那边，“当我听到世界某个角落被残害人民的呼号，我会一如既往地诅咒血染马腹的达官贵人[③]”。

我知道，每 5 秒钟就会有一位不满 10 岁的儿童饿死在

① 埃德加·莫林，《为了进入 21 世纪》，巴黎塞伊出版社，2004 年。
② 马克斯·弗里希，《1946-1949 年日记》，1950 年。
③ 维克多·雨果，《秋叶集》，1831 年。

地球的某个地方，数亿人营养不良，并饱受因此而造成的身体和心理的折磨；我知道，三四十亿人得不到清洁的饮用水，因此而受到各种疾病的摆布。可是我还知道，那些说“只须”的人其实并不了解问题所在。“只须”总是在夸夸其谈。

这些我都知道，可我并不气馁，我咆哮，我愤怒，我永远不能平息。然而我还知道，“只有充分认识并促其实现的理想才有价值[①]”。所以我不停地帮助那些在战乱地区救死扶伤的无国界医生，那些与种族主义和排犹主义作斗争的人们，那些反对霸权的人们，那些让世界更加公平公正的人们，那些相信艺术不专属于自称精英者或局限于商店的人们……

也正是因为如此，我才将目光转向新中国。那里的人民过去受到外国政府和本国制度的压迫，一直生活在水深火热之中,他们克服种种现实困难和历史困扰为自己创造美好的未来。

这一切没有白费。

我的经历证明，“在人类历史上，还从来没有这样一个大国——其领土超过欧盟27国的总和，人口雄踞世界第一——在如此短的时间内取得如此的巨变”，“她的觉醒导致20世纪形成的国际秩序发生了无可置辩的变化[②]”。即使道路还很长，还充满障碍，但中国已经使庞大的人口脱离了

---

① 大卫·罗斯福（罗斯福总统之孙），《为了四大自由的存在》，《解放报》言论栏目，2008年3月11日。

② 卡洛琳·普埃尔，《改变中国的30年》，巴黎，布歇－夏斯特尔出版社，2011年。

贫穷，这绝非一件小事。

正是因为亲身参与了这一绝无仅有的历程，我的生命有了新的意义。

在祥和的天空下，我找回了青年时代所怀有的希望，因为我终于明白：如果说乌托邦是荒谬无益的，那么只有实实在在的改变才是关键的、革命性的，因为它能将苦难变为幸福。

因此，我的词典里没有“退休”一词。我永不止息。

我现在要对子女们、亲爱的孙辈，以及重孙女说几句话。我对他们只有一个建议：重要的不是活多久，而是如何活着。有意义的人生就是传递自己的知识，无论需要付出多大的努力、克服多大的困难，因为“与其不停地诅咒黑暗，不如点亮微弱的烛光[①]”。

只有这样，我们才能成为对黑暗说“不”的人。

亨利·勒德汉德勒

（李德汉）

---

① 禅语。

前　言

1967 年 9 月，友谊宾馆。

“友谊”来自俄文 Droujba。这个建于北京的大型宾馆用于接待苏联专家。上世纪 50 年代，他们来到新中国，帮助他们的“同志”建设苏联式的社会。

60 年代初，这种同志式的友谊搁浅了。中国不愿意像东欧社会主义国家那样，服从“高高在上”的权威，对苏联绝对忠诚。于是，两个兄弟般的国家关系恶化了，数千名苏联专家需要在 24 小时之内离开宾馆。他们随身带走了自己绘制的工厂草图。

来自世界四面八方的 400 位外国专家很快接替了苏联专家腾出的位置，他们也住进了友谊宾馆。他们主要是语言学家，受聘来中国弥补翻译和外语老师的不足。他们要么着迷于他们所知道的毛主义，要么欣赏这个新生国家的非斯大林实践，要么仅仅是被灿烂的中国文化所吸引。来自比利时的专家只有为数不多的几位：作家查尔斯·帕隆，他 1968 年荣获维克多·罗塞尔奖；女律师塞西尔·德拉，她与雅克·维尔热斯共同为阿尔及利亚民族解放阵线的斗士们辩护；比利时法语电台电视台的休假记者马塞尔·克罗艾斯及妻子吉赛尔，后来她在布鲁塞尔开了一家中国古董和艺术品画廊；长篇小说作家莫妮卡·卡尼尔，她是法语教学的资深教师，在中国负责领导海外教学培训促进会的第一批工作任务；身兼作家、诗人、摄影家和超现实主义画家于一身的马塞尔·玛丽恩，他 1965 年离开中国；我本人是法国语言文学教师。

在友谊宾馆之外，还生活着一些“中国的老朋友”。他们大多数讲英语，几十年以来一直在帮助中国人。其他一部分人以讲西班牙语为主，是本国专政体制的反对者。这批人主要在中国的大学、研究所以及新闻媒体工作。

1967 年，中国陷入动荡。整个国家遭受文化大革命的破坏，在国际舞台上几乎完全孤立。

一天下午，一辆大巴车将一些外国游客送进友谊宾馆，他们想会见自己的同胞。亨利·勒德汉德勒就是其中之一，他想见到自己的老朋友查尔斯·帕隆。我匆匆地见了他一面，然后就再也没有联系。20 世纪 60 年代末，我回到比利时后，开始与他交往。我们都有一个共同的目标：促成比利时与中国建立外交关系，在比利时介绍中国的历史及不同的发展阶段，加强两个国家和两个民族的各种交流。虽然我们的经历各异、观点也不尽相同，但我们的合作、友谊和相互信任越来越坚固。以至于到后来，当亨利请我帮他撰写自传时，我丝毫没有犹豫就答应了。

我们就合作问题达成的协议很简单：所有实质性的内容、事情的发展过程、对事件的观点完全属于亨利，并由他承担全部责任；至于形式，他赋予我完全的写作自由，但他要审查文字以避免出现任何模棱两可之处。

如今，我们两个都是八十岁的耄耋老人了。这是一个美好的年龄。我们经历了多少戏剧性或发人深思的事情啊！当然我们是在不同的时间、以不同的方式经历这些事情的。

在帮助亨利·勒德汉德勒撰写完全部自传后，我更加深信，没有记忆的民族就没有未来。我还相信，“先别急着给我们唱凯旋歌，战斗远没有结束，因为产生恶魔的肚子还在孕育[1]”。

最后，我必须转达亨利的寄语：即使是在极其困难的情况下，也永远不意味着彻底失败。每个人的身体内都蕴含着推动星球的力量。

塞尔日·佩鲁

① 贝尔托·布莱希特，《阿吐罗·乌伊发迹史》，巴黎，法国大学出版社，1988年。

目　　录

1. 被藏匿的孩子

在这战火纷飞的世纪
人们惊讶地注目
更加昏暗的不公星光
我和他们一样愤怒
相信黎明就在微亮处
夜里的每一步都走向结束
从黎明到迷离的黄昏
我等待无边的幸福
和摆脱锁链的爱情
现实却并非如此
她抛开幻想和乌托邦
创造了别样的奇迹

路易·阿拉贡，《未完成的小说》，巴黎，伽里玛出版社，1956 年。

1933年4月28日，我出生于布鲁塞尔马若兰区。这个贫困城区的居民精打细算、热情互助、仇视德国人、同情甚至帮助犹太人。我父亲名叫约伊纳·勒德汉德勒，1907年生于波兰拉多姆市。拉多姆位于“意第绪语区”的中心。在这个没有明确边界的区域产生了犹太复国主义。《十字架报》记者阿兰·吉耶莫尔在他的著作《没有边界的国家——意第绪语区寻踪》中说，“20世纪30年代，犹太人在波兰及西乌克兰的众多城市的人口比重中占据30%–70%①”。30年代末，全世界母语为意第绪语的人口总数远远超过1100万。“意第绪语区滋养了中欧所有的文化：波兰文化、立陶宛文化、乌克兰文化、俄罗斯文化及匈牙利文化。这些文化的优秀代表，如马克·夏加尔、罗曼·加里、西格蒙德·弗洛伊德、柴姆·苏丁，都或多或少属于意第绪语区的犹太人，他们都是欧洲文化的骄傲。”东欧犹太史专家亨利·明切勒斯指出，他们虽身为犹太人，但同时也是欧洲的、世界的、国际的[2]。

早在16世纪，就有众多犹太工匠定居在拉多姆这个当时重要的贸易枢纽。“勒德汉德勒”（Lederhandler）本意为“皮匠”，因此，很可能某位皮匠是以职业为姓。20世纪30年代，针对犹太人的大屠杀愈演愈烈——据统计，仅拉多姆地区就有3万犹太人在第二次世界大战期间被屠杀。但这些暴行被严密掩盖着，于是，意第绪语区像没入洋底的神秘大陆亚特兰蒂斯一样消失了。这也是为什么很少有人听说过这个业已消失的欧洲地区……意第绪语也差点儿消失，但这个粗犷、丰富、有活力、自成一种生活方式

① 阿兰·吉耶莫尔，《没有边界的国家——意第绪语区寻踪》，巴黎，清晨出版社，2010年。
② 《维尔纳，维尔诺，维尔纽斯，立陶宛的耶路撒冷》，巴黎，发现出版社，1993年。

的语言正在蓬勃地复兴。各种各样的创意说明，大家开始重新关注意第绪语区的文化，而这种富有生命力的文化更多地存活于我们的精神历程中。

在 1925 年或 1926 年，我父亲离开波兰，来到比利时这个以中立闻名的国度。当时，大家都说这里很容易找到工作。我父亲来到埃诺地区的一个煤矿，并很快改行做了鞋匠。我的母亲叫妮卡·霍洛维奇，1909 年生于华沙。她和我父亲同一时期、出于同样的理由移民来到布鲁塞尔。

1926 年，他们相遇并结婚，定居在布鲁塞尔洗衣街 51 号。

因此，我的父母都是犹太人。我父亲受宗教影响较少，所以不戴小圆帽。他属于世俗犹太人，对自己的出身感到自豪，热爱传统文化，有民主思想，既不涉足政治也不参与宗教活动。他是个非常外向的人，说一口流利的法语，完全融入了比利时社会。我母亲相对来说更加传统一些。在家里，我们不过犹太人传统的安息日。但是，赎罪日这一天，母亲会点亮蜡烛。重要的节日，我们会去犹太教堂。

我有一个大我三岁的哥哥，他叫莫里斯。我还有一个生于 1937 年的妹妹萨拉，和一个生于 1944 年的弟弟阿尔弗雷德。

我们曾经居住的房屋至今依然存留于马若兰区的中心地带。每次经过这里时，我都禁不住心潮澎湃。顶楼的鸟笼一直是我心中的秘密。我父亲有一辆卡车，车库位于镜子街。他独自替人搬家，以改善一家人的日常生活。他很强壮，我眼前至今还能浮现出他将铁锅扛上四楼的画面。他还在布列斯街从事拳击运动。据说，他获得过布拉班特业余拳击冠军称号。我很为他自豪。我们二人之间的关系非常亲密，当他将卡车倒进车库时，我就坐在他的身边，并感到自己在长大。

四岁到五岁时，我在花匠街上幼儿园，而我的真正意义上的第一所小学是我六岁到九岁就读的位于南方大街的第六小学。

我父亲是独自一人移民比利时的。他的兄弟们有的去了美国，我和这些叔叔伯伯很少联系。在祖父母、外祖父母辈中，我只认识波玛姥姥，她的小公寓位于网球广场旁边的一座楼的四层。由于父亲在我九岁时便不在人世了，我对他的记忆大多很模糊。

我母亲则是跟着一大家子来到比利时的：有她的姐妹、姑姨婶妗、伯叔舅等。所有这些亲戚后来都被纳粹屠杀了。母亲非常通情达理，她出身低微，是管家理财的能手。她不识字，我和她用意第绪语交流。

我们的家庭非常和睦。可以说，我的童年非常幸福。无论是在学校还是在社区，我都很快乐。我与小伙伴们一起在街道上玩耍。我们结成一个个团体，有犹太人的，也有其他民族的；我们在南方火车站附近的田野里用木剑打斗。到了星期日，我们则会穿戴一新，父亲系上领带，戴上帽子。我们一家集体出游，和众多犹太家庭一样，一直走到坎布雷森林。

1939 年，父亲买了一辆崭新的福特轿车，所以我们也经常去海滨胜地奥斯滕德度假。我至今还记得该市入口处迎接游人的花钟。1941 年，父亲送给我一个踏板车，而母亲则送给我一双名贵的皮鞋。谁知我很快就弄坏了皮鞋，于是挨了一顿揍，我发疯似地将家里所有的皮鞋从阳台扔到大街上。我被“痛打”了一顿，至今记忆犹新。

父亲天天读《晚报》，但从不发表自己的看法。他属于少言寡语的人。

我们和布鲁塞尔的所有家庭一样庆祝新年。每当这个时候，我都可以到波玛姥姥家住，她对我宠爱有加。

1941 年，布鲁塞尔城市小学将我注册为小童子军成员。哥哥年龄比我大，所以参加了童子军。他所在的团体后来成为很有知名度的剧团“师范生剧社”……

我至今还记得一首歌，那时我总是用布鲁塞尔方言叽哇乱唱：“快把魔鬼装进袋……歌声嘹亮出不来。”

一直到九岁，我的生活都还一切正常。然而，魔鬼很快就要从口袋中出来了！

接下来我要讲的绝对都是事实。我不想胡编乱造、任意虚构，我所讲述的都是我所能够回忆起来的。

1940 年 5 月，战争爆发了。我那时七岁。现在能回忆起来的是爆炸、警报嘶鸣、卡车和第一次逃难，以及不停的流亡。

恐怖迫近家门，父亲决定逃往英国。他准备好卡车，先去奥斯滕德。母亲的一个表兄在安德莱赫特区有家食品杂货店，所以我们的车上装满了沙丁鱼罐头、食糖、咖啡，以及其他杂七杂八足够我们享用的食物。除此之外，车上还塞进了十多位远近亲戚。发车！我们终于凑凑合合抵达了海边，晚上住在一栋因德军轰炸被遗弃的别墅里。

这时，德军开始向英军阵地疯狂炮击。我们所处的位置就在附近，所以也遭到了射击。我妹妹的脖子上至今还有德军榴弹弹片留下的伤痕。死神已离我们不远，魔鬼钻出了口袋。第二天，我们得知，开往英国的最后一艘船已经离开港口。我们只得又返回布鲁塞尔洗衣街。

当布鲁塞尔市民弄不到食品和燃煤时，我不记得自己有什么节衣缩食的特别之处。但是，在我们的街区，可以看到越来越多的德国士兵。每当我不得不从敌人的哨兵面前经过时，都吓得浑身发抖。

1940 年 10 月 28 日至 1942 年 6 月 1 日之间，共颁布了 17 条排犹法令。犹太人被统计在册，并被清理出政府机关、学校、法院和新闻媒体。经济领域的“去犹太化”非常彻底：企业商店被甄别、清算或“雅利安化”，犹太人必须参加强迫劳动。犹太人被关进集中居住区，在针对他们的宵禁期间不得外出，犹太孩子被赶出学校。犹太人必须佩带黄星，672 军区以及后来的比利时犹太人协会负责发放黄星。比利时犹太人协会是第二次世界大战期间奉德国命令成立的。

无恶不作的纳粹居然试图欺骗犹太人：他们承诺，凡是将 18 岁以上年轻人送到德国工作的家庭会受到他们的保护。一些人把这个当作无边苦海的一根救命稻草：不管是真是假，总要试一试。但不久骗局被识破。

甄别、统计、非人待遇、酷刑折磨、劫掠财物、关押到集中营、最终处决。1942 年 8 月 4 日，第一批犹太人从梅赫伦出发被送往奥斯维辛集中营。自此，共计 26053 名犹太人从梅赫伦被押走。家里的气氛彻底改变了。父亲开始投身抵抗运动，他们的其中一个据点位于鞣革街。父亲用手拉车将地下报纸特别是《自由比利时报》，从布鲁塞尔的一个地方运送到另一个地方。战争结束后，认识我父亲的抵抗战士对我们说，父亲胆大得有些出格，因为他敢好不犹豫地拉车穿过德军重兵把守的市中心。根据排犹措施，父亲很快就被禁止工作了，作为工具的卡车被没收了。魔鬼再次现身。

排犹的脚步在加快，德军开始统计犹太家庭。拥有比利时国籍的犹太人没有受到直接影响。但绝大部分犹太家庭没有国籍，他们来自中欧的各个地方，手中没有护照。

我本人被登记为波兰人。而我直到 1947 年才得到了一本波兰护照，以便参加（展示社会主义国家大团结的）布拉格青年节。波兰人和无国籍者持有黄色身份证，上边盖有“Juden”(犹太人)的戳记。当布鲁塞尔的多位市长冒着生命危险拒绝按照德国当局的命令向犹太人发放黄星时，某些比利时当局和比利时犹太人协会却莫名其妙地施以援手，使纳粹轻而易举地达到了

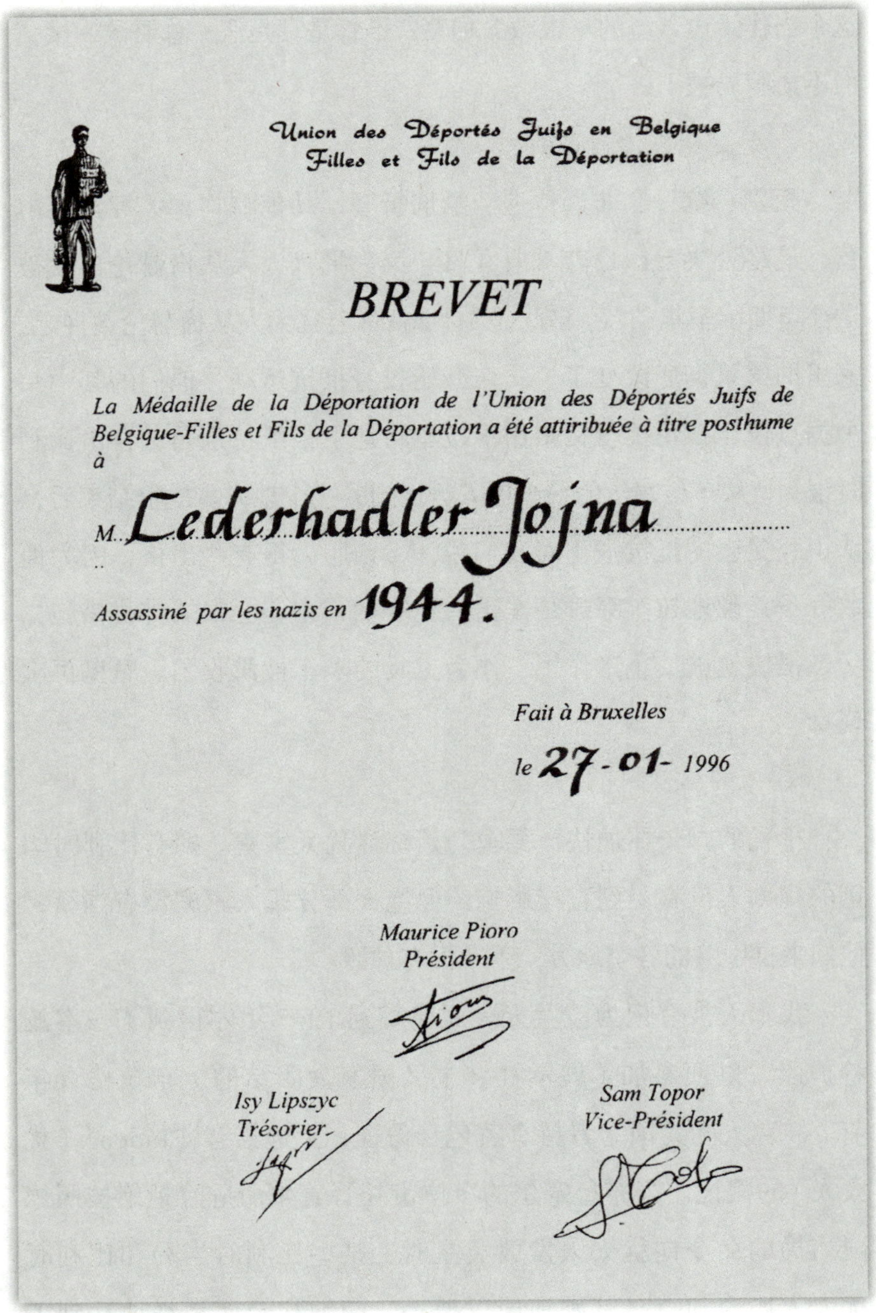

Union des Déportés Juifs en Belgique
Filles et Fils de la Déportation

BREVET

La Médaille de la Déportation de l'Union des Déportés Juifs de Belgique-Filles et Fils de la Déportation a été attribuée à titre posthume à

M. Lederhadler Jojna

Assassiné par les nazis en 1944.

Fait à Bruxelles

le 27-01- *1996*

Maurice Pioro
Président

Isy Lipszyc
Trésorier

Sam Topor
Vice-Président

1996年1月27日，比利时被关押犹太人与被关押子女联盟向我的父亲，1944年被纳粹杀害的约伊纳·勒德汉德勒，颁发了被关押集中营奖章。此为证书。

他们的目的[①]。

我是在极其偶然的情况下目睹了1942年9月对犹太人的大搜捕。那天，即9月3日，我在鞣革街玩耍。突然，几辆德军卡车停在争吵街的街角，离我不到50米远。一班荷枪实弹的士兵跳下车，马不停蹄地逮捕现场及附近的所有人：男女老少一个不漏。我不明白发生了什么事情，吓坏了。士兵的叫嚷、狗叫声和被捕者的喊叫让我非常害怕。我跑着离开了这个可怕的地方，哭着回到了家里。

该行动是德国国防军实施的。涉及区域包括布列斯街、镜子街、鞣革街、争吵街、范德海根街、新地街和南方大街。

这之后的整个晚上和第二天，犹太人的居所被德军搜查和洗劫。每座被包围的房屋和楼房的门口上都标有Judenrein（犹太人已清除）的字样。当晚，我们全家搬到福雷市乔治·勒克莱尔街68号。我至今不清楚搬家的经过……我当时一直迷迷糊糊。然而，这是一次新的流亡。

妹妹萨拉已经被寄养到布赖恩拉勒的一家修道院，她对我们在勒克莱尔街的新家一无所知。我们很少去修道院看望她。但有一次，我和妈妈碰到了宵禁，不能回家，不得不在修道院住了一晚。

---

① 2012年9月9日，在梅赫伦多森军营举行的第56次纪念活动期间，比利时首相埃利奥·卢波终于代表国家向犹太人道歉，承担第二次世界大战期间在押运犹太人问题上的责任。他明白无误地说："该罪行是我国历史上难以抹去的污点。这笔感情债永不失效，这份责任无以言表。"此前一周，在纪念1942年9月3日至4日夜间布鲁塞尔全城搜捕犹太人70周年之际，布鲁塞尔市长弗莱蒂·迪耶尔芒斯也承认了市政当局的责任。在2012年9月第761期《观点》杂志上，世俗犹太人中心强调指出："布鲁塞尔当局承认自己的责任对纪念和澄清发生在比利时的浩劫至关重要。"

我们的新居包括一层的两个小房间和两间地下室。父亲、母亲、哥哥和我挤住在一起。大部分时间，我们像耗子一样生活在地下室。我那时九岁，但已经不上学了，也不能和小伙伴们扮演佐罗了。危险无处不在，恐惧如影随行，魔鬼离我们不远，厄运随时会不请自来。

我们不准看电影、不准散步、不准从事一系列的工作。这些都是排犹措施的一部分。尽管如此，我还是见缝插针，并冒着危险跑到杜登公园。

那时并非一片漆黑。我还记得一些美好的友爱时光。我们新居的主人清楚地知道，她收留的是一个犹太家庭。在那个告密盛行的年代，她一直保守着这个秘密。我们的地下室与拐角缝纫店两位老太太的地下室相连。她们也知道我们的身份，但也没有向占领当局告发我们。头戴白盔的社区警察认识我们，他知道我们是被追杀的猎物，但也一言不发，藉此表明他对野蛮行径的抵抗。这个极度贫困区域的居民用沉默保持他们的尊严。我的乐观主义态度和对人类的信任也许就缘于这个时期吧。

无论如何，我们得到了特殊对待。在那个战乱肆虐的年代，我们这个家庭躲过了数不清的屠杀和浩劫（其恐怖不言而喻）。“躲过”这个词恰当吗？我总是想，我们是奇迹的幸存者……

我们家族和我们民族的其他成员被揭发、被逮捕、被监禁、被折磨、被杀害。那些再也不能享受阳光、再也不能闻到玫瑰花香、再也不能拥抱亲人的人，我完全可以列出一长串名单。他们中有我的舅舅、阿姨、表兄妹、朋友，甚至小姨埃特尔所生的三个月大的婴儿。小姨刚刚与逃离德国的一个犹太年轻人结婚。他们都是在那个夜晚后来到比利时的。

从 1942 年 9 月到 1943 年 5 月，我和哥哥莫里斯幽居在我们的地下室里。父亲忙于完成抵抗运动的任务。他一直严守着这个秘密，两个孩子和他们的母亲都一无所知。我能感知的唯一一件事，就是我们处于危险之中。

一天下午，我又冒险来到杜登公园。我跟在一群人后面，出于孩子的好奇走进了圣西尔联盟体育场的大门。我发现自己加入到了雷克斯派的一个活动中。我听不明白演说者的喊叫以及来自主席台的叫嚣，但当我看到希特勒式标志性敬礼的手势时不禁吓了一跳，飞也似地逃走了。

还有一次，我至今记忆犹新。我在家里，躺在床上，卧室的百叶窗关上了，但窗户开着。那是 1943 年 5 月的一天，天气温和，是一个名副其实的春季的夜晚。突然，我们听到说德语的声音，而且距离很近：德国国防军的两个士兵正坐在我们窗户的外沿上高声聊天。突然，我父亲冲进我的房间，用手捂住我的嘴，他怕我出声，让猎人明白他们的猎物就近在咫尺。

这就像是醍醐灌顶。我从此明白，死亡的威胁就近在眼前。

一些犹太人的秘密组织，如保护犹太人委员会和以色利难民救济会（后更名为犹太人社会服务社），相继成立，而我对此一无所知。

在抢救犹太儿童、使他们脱离魔爪的行动中，共产党积极分子发挥了独特的积极作用。我特别要提到伊冯娜·若斯帕（1910.2.3–2000.1.20），她的真名是阿韦·格鲁瓦斯曼。她于

1933年加入比利时共产党，并在反对种族主义和排犹主义联盟以及反对排犹主义国际联盟比利时支部发挥着积极作用。另外，她还将西班牙内战逃难儿童迎进比利时。1942年9月，她和丈夫赫兹·若斯帕创建了保护犹太人委员会。整个战争期间，有3000名犹太儿童得以躲过转送和死亡。1943年6月，赫兹被盖世太保逮捕，先是被关押在布里恩东克要塞，后被送到布琛瓦尔德。1945年5月，他奇迹般地回到比利时，但病魔缠身。

战争结束后不久，面对排犹主义的死灰复燃，伊冯娜和赫兹创建了反对种族主义和排犹主义、捍卫和平运动。几年后，更名为反对种族主义、排犹主义和排外主义运动。直到晚年，伊冯娜一直忠诚于自己的信仰。她受到了被藏匿儿童协会的特别表彰，她本人也是该协会的荣誉委员。2003年，布鲁塞尔的一条街道以“伊冯娜·若斯帕”命名。

我父亲认为，形势对我和哥哥极其危险。于是我们又“幸运地”开始了新的流亡。

1943年5月的一个下午，有人敲我家的门，是一位年轻漂亮、容光焕发、让人一见钟情的妇女。她叫安德烈·热朗。她要把我和哥哥接走，以便使我们能够活下来，让我们重新活得像个人。她这样做是冒着逮捕、拷打，以致惨死危险的。她的生活理念是：“如果我不燃烧，你不燃烧，我们都不燃烧，黑暗怎么能够变成光明[①]？”

① 那耶姆·希克梅特（土耳其诗人，1902-1963年），《自由诗歌一百首》，自由出版社，1957年。

自从关于集中营的传闻传播开后，父亲就开始与保护犹太人委员会联系。这个委员会主要由妇女组成，既有犹太人也有非犹太人。安德烈·热朗就是其中之一，她的化名是克洛德·富尼耶，她生于1921年，是加蒂·德·加蒙中学的教师。1942年，她听说盖世太保在抓捕包括儿童在内的犹太人。于是，她有了一个想法：让犹太儿童脱离他们原来的家庭，住进比利时家庭、孤儿院、修道院等。战争结束很久以后，一贯低调的她才谈起她的行动："我是教师。我看到一些儿童戴着一颗黄星来学校。慢慢地，他们就不来了。于是，我不再教书，而是全身心地投入到保护儿童这个工作中。"有人问她是否害怕过被逮捕，她答道："我所做的是我应尽的义务。违抗当时的法律是再正常不过的事情了。"

安德烈·热朗亲自来接我们。我们带着极少的行李神不知鬼不觉地出发了。整个行程经历了不知多少个日日夜夜，我像散了架似的，已经毫无感觉了。此后的一段时间里，我不再是犹太人，也不再姓勒德汉德勒。

安德烈·热朗告诉我们的第一件事是：从今往后，我们要姓"勒当"，我们再也不能说意第绪语，更不能透露我们的犹太身份。我们失去了一切，这是求生所必须付出的代价[①]。

我们远离了家庭。我和哥哥先在王冠大街住了一两个晚上，然后又在天主教青年工人协会的宿舍和位于那慕尔附近的安德烈

---

① 我的这段生活使我想起了伊比利亚半岛同胞们的命运：16世纪，为了躲避对巫师的搜捕，以及宗教裁判所的敲诈和罪行，西班牙的犹太人不得不改用天主教姓名。

神父[1] 的住宅住过，最后在巴斯托涅神学院住了三个星期。多么艰辛的旅程！年轻的“勒当”兄弟每天早晨必须参加弥撒。我个人的哲学和意识形态印记荡然无存，只有淡雅的薰香萦绕着我。

我们终于来到了法国边界附近，住进了那慕尔省的托马斯·菲利普·德·居代萨尔城堡，我们要在这个新的生活环境里一直住到 1944 年 8 月底。这个小城市有一些烟草、火柴、木鞋加工厂。但因为离法国很近，所以它更多地是以走私闻名。

城堡既是农场又是收留家庭或学习有困难的儿童的膳宿公寓。在 40 多个 7–17 岁的儿童中，犹太人占了一半。我是其中之一，哥哥莫里斯也名列其中。公寓的主管是范·埃兰太太，她人并不太坏，她也是众多冒着生命危险隐瞒不报者之一。可惜的是，并非到处都是这样。我们都知道在法国利雪被隐藏的犹太儿童的结局，他们被人供出，并被克劳斯·巴比杀害。

在这个儿童膳宿公寓里，我们的生活还算“正常”。只是，孩子们没有学上！有时我们被带到电影院，有时观看足球赛。我们还组织演出，到周边美丽的大自然中散步。对于孩子来说，还有什么比这些更舒心的呢？比利时孩子（我们是外国人，是通过不正当手段成为比利时人的）把我们视为伙伴。甚至连我们的性早熟也能通过无伤大雅的游戏表现出来，如“亲吻草根的头”。我能回忆起来的唯一不愉快的事情是食物。我们没完

---

① 战争期间，约瑟夫·安德烈神父在他教区的寺庙和修道院中收留了近百名犹太儿童。他向德国当局声称：这些孩子是基督徒，受到教会的庇护。颇具戏剧性的是，其中一家收容所居然紧邻军事指挥部。埃里克－埃马纽尔·施密特在他的小说《诺亚的孩子》中对这位国际义士、心怀慈悲的教士做了精彩的刻画。

没了地吃豌豆：豌豆汤、豌豆泥等等。甚至有一次，我将这种可恶的绿色蔬菜整盘扔到了一位助手身上。我们吃不饱，但这种饥饿不至于让我们死去，这非常折磨人。稍大一些的孩子会偷偷地采食苹果来填饱肚子。

这就是每个儿童梦想中的天堂吗？远远不是。我们知道自己身处危险之中，生命随时会结束。1944 年春季的一个晚上，我们被惊醒。必须逃跑！一队德国骑兵正向城堡进发。我们被赶到公园深处，并爬到树上躲起来。万幸的是，这是一次假警报。但是，恐惧却时时处处存在。

最让人恐慌的是从我们头顶掠过的 V1 飞弹的声音，那种啸叫简直让人忍无可忍。我现在晚上做噩梦时还能听到。

我们也害怕雷克斯分子。这些比利时人与占领军合作，独霸一方。雷克斯派是反对布尔什维克的极右天主教组织，类似于意大利的法西斯、西班牙的佛朗哥主义，以及 1941 年之后的纳粹。

我们无比想念父母。

我们每周都能收到一个绿色的信封，里边装有一张 20 法郎的纸币和《晚报》的丁丁漫画剪报。当时我们并不知道《丁丁历险记》的作者埃尔热是亲近极右反犹团体的，他甚至为雷克斯运动领导人德格雷尔的《学校战争史》绘制了封面[①]。那么，这封救命的、把我们与外界联系起来的匿名信是谁寄来的呢？我们猜想肯定是我们的某个亲戚……或许是我们的父亲？谜底不久就揭晓了，但

---

① 引自埃尔热传记作者皮埃尔·阿苏利纳的《埃尔热传》，巴黎，伽利玛出版社，1998 年。

这是多么地遗憾啊！

我们一直焦急地等待这封信的到来。一个星期过去了，没有来信；两个星期过去了，依旧没有来信。我们越来越担心。后来，一段时间之后，我们终于明白：我们再也收不到绿色的信封了，因为给我们寄信的人被捕了。

爸爸，我们的父亲被逮捕了。这是一位面带慈祥笑容的英雄，我曾经和他一起坐在他的卡车里，他曾经带着我散步，他曾经送给我一双非常漂亮的鞋子，为了不让我暴露于德国人面前他曾用手堵上我的嘴，我悲伤时他曾百般安慰我。所有这一切都成为永远了。我从此失去了父亲，我一辈子都要承受这个痛苦。“我心中的秘密从此该向谁诉说[①]？”

当时，我们并不知道，我父亲的名字，会有一天被铭刻在安德莱赫特的一个大理石纪念碑上。他是在反抗纳粹的斗争中被杀害的 242 位犹太游击队员之一。墓志铭是：“死于 1944 年”。

解放时，我们看到一队抵抗战士进入城堡。是他们以极为秘密的方式一直保护着我们，并提供配给券来养活我们这一大帮孩子。但是，彻底“解放”我们并使我们得以离开居代萨尔的是美国军队。我口中至今还留有美国士兵分发的罐装奶的味道和他们毫不犹豫从自己口袋中掏出的口香糖的味道。对于我们这些失去身份的犹太儿童来说，这似乎是圣诞老人给我们带来了自由和甜

① 皮埃尔·高乃依，《西拿或奥古斯都的宽容》，第四幕，第二场，1642 年。

食。甘地说过，“上帝化身为食物来到饥饿者身边”。

后来我得知，在这些勇敢的美国士兵中，有多位犹太人，他们因解救了犹太儿童而备感幸福。他们之中还有一些人，为了使欧洲摆脱纳粹枷锁，死于对德国的战斗中。

2. 学徒与投身政治

在漆黑一片的夜晚，
他果断地去往认定的方向。

达恩·弗兰克，《影中人》，法国2台电视剧，2012年。

当我们得知布鲁塞尔已于1944年9月被解放时，哥哥和一个朋友一起返回了首都。我再一次感受到了被抛弃和孤单无助。幸亏我还有母亲。莫里斯离开不久，母亲来找我了。我至今不知道她是怎么来到居代萨尔的，她必须换乘好几次火车，而她的法语又非常蹩脚！

我总算回到了位于乔治·勒克莱尔街68号的家。我感到非常高兴。不久，我们离开这里，搬到了同一条街的108号。

我已经12岁了，于是进入纪尧姆·范·埃兰街的小学四年级学习。我们的老师，范德戈腾先生，对树和树叶有独特的爱好。他经常把我们带到杜登公园，给我们揭示大自然的秘密。在他的带动下，每个学生都成了植物爱好者。

我对大自然的热爱，以及此后对中国精美园林的热爱也许就是源于这个时期吧！

我与母亲劫后重逢，安置了新家，我也回到了学校。我的流亡生活似乎结束了……可是，我的心中开始产生了一个巨大的空缺。我的父亲，有着宽厚肩膀、让我莫名信任、一直是我梦中英雄的那个人，他在哪里？他为什么毫无踪影？我那时还不知道他的悲惨命运，我甚至坚信他还会回来。幻想着他跨进房门，把我们抱进怀中。从俘虏营中返回的一个比利时战士说，他遇见过我父亲。这使我更加坚信这个柔情的画面。

现实是无比残酷的：1944 年 6 月 6 日，恰好是盟军在诺曼底登陆的那天，我父亲被人告发，正在福雷市圣 - 丹尼街骑车时被纳粹逮捕。我至今不知道他死时的情景和具体日期。这个伤口至今没有愈合，每天还在流血。我的孩子们从未见过爷爷，他们无法抚弄着他的满头白发说：“爷爷，给我讲个故事。”这个伤痛该如何抚慰呢？

战争期间，我母亲藏在林克贝克的一户人家中。她怀了孕并于 1944 年 7 月 16 日生下了我的小弟弟弗雷迪。这是我亲爱的父亲送给勒德汉德勒家族最后的礼物。

我们的校长德凯泽先生个性鲜明。他每天上午骑车来学校。由于他的办公室在楼上，所以他让每个学生轮流把他的自行车搬到楼梯平台，我也不例外。他非常喜欢我，无论如何也要让我去福雷中学深造，他千方百计地为我获得物质帮助和奖学金。

可是，我不可能继续上学。母亲要养活三个孩子，而她没有任何收入。她开始帮人做家务。她的收入只够刚好保证全家不饿肚子。当然，我们还能从犹太互助会那里领取一份微薄的补助金，到机师街吃几顿饭。对此，我们至今感激不尽。

但是，这些远远不够。我的小弟弟已经被送到一家儿童膳宿公寓，他将在那里一直呆到 10 岁。莫里斯和我决定开始工作。莫里斯进了一家印刷厂；14 岁的我作为学徒进了一家皮件作坊。每个星期六，我收到工资后马上转交给母亲。就是在那时，我明白了一周的工作需要付出多少汗水、多少努力和多少艰辛[①]。

18 岁时，我没有相应的学历，却具有珍贵的工作经验：一丝不苟、善于观察、生活节约、信守承诺。

然而，在工作之外的时间里，我无所事事。一次机缘巧合，我认识了一对善良的夫妇。从某种意义上说，他们“收养”了我。丈夫是电车司机，妻子在距离吕特桥 20 米、范福克森大街和维尔芒斯广场的拐角处经营一个“临时”报刊亭。

1943 年，英国人试图炸毁吕特桥。但他们偏离了目标，击中了范德斯蒂恩夫妇的书店。他们的儿子不幸遇难。难道是出于这个原因，他们与我产生了友情并收养了我？也许是吧。我替代了他们死于非命的儿子；而他们替代的是在导致 600 万犹太人遇难

---

① 我不久受雇于另一家企业，塞尔维他公司，老板是门德勒维奇先生。

的纳粹大屠杀中被杀害的我的父亲。这对我的少年生活是莫大的慰藉。我和他们一起向订户分送报纸和杂志。我那时很瘦弱，而工作又很繁重，但我可以借此得到一小笔报酬，用于改善生活。此外，在星期日，他们开车出游时还会带着我，或者请我吃饭。我可以大口地吃肉……是肉啊！我很少能吃上肉，所以这对我来说是真正的大餐。幸福来自餐桌。

在过着幸福生活的同时，我逐渐步入了社会生活。在居代萨尔，我的难友们都比我稍稍年长。他们在 1942 年前就有了各种各样的经验。他们曾经属于安特卫普或布鲁塞尔的左翼犹太组织，善于讨论、辩论、质疑、狡辩。他们谈论不公、法西斯、共产主义、变革、革命、美好的未来。这些词语和概念对于我来说很新鲜，引起了我的兴趣，并在不久后我最初的政治活动中起到了指导作用。我在短短的生命中，经历了流亡、家庭的绝望、恐惧、逃跑。朋友们为我打开了充满激情的视野。他们让我渴望成为他们中的一员。

战争结束后不久，即 1944 年至 1945 年，我重新见到了这些朋友。我们一起出发，我跟随他们来到位于布鲁塞尔南方大街一栋大楼的二层。那里是刚刚成立的犹太青年体育联合会。它的上级机构是犹太互助会，隶属于比利时共产党。自此，我开始投身于一个在未来许多年中对我至关重要的活动中。

3. 犹太裔比利时人

娇惯、惊吓、藏匿的童年

失父、遭遗弃、被收养的少年

我终于成为有担当的青年

在犹太青年体育联合会，我参加的体育活动具有我所喜欢的童子军性质。我们去布鲁塞尔附近的森林，有时候在那里野营。我们组织很多的体育活动，我就是在那时喜欢上篮球运动，并在此后的30多年中乐此不疲。我们也去听有关苏联及东方国家现状、有关社会主义、有关红军战胜纳粹的讲座。这些都很有意思，讨论也是有强烈目的性的……

1947年8月，我刚满14岁时，成为比利时人民青年团的代表团成员，应邀赴布拉格参加由世界民主青年联合会组织的世界青年和学生联欢节。

前往布拉格的路途并不顺利。首先，我必须拥有一个身份。在波兰驻布鲁塞尔领事馆的帮助下，我得到了一本护照。由此，我找回了人格。我重新成为拥有姓名、年龄、国籍、住所的活生生的人，不再是幽灵或任人使唤的物件。我重新拥有了国籍。但是，障碍并不仅仅限于“重新得到承认”这个困难，还有名正言顺地占领了德国一部份的美国“朋友”要千方百计地阻挠我们。这其实丝毫没有破坏我们的情绪。我们历尽艰辛终于到达了目的地。我们都是年轻人，车厢里回荡着来自世界四面八方的歌声。我们躺在光溜溜的过道上，听不到一句怨言、一句伤人的话，看到的只有笑容。互相之间眉目传情，语言不通成了不值一提的东西。把我从纳粹魔爪下救出的安德烈·热朗也和我们在一起，她嫁给了一位名叫查尔斯·埃尔斯科维奇的共产党员律师。联欢即将在布拉格举行，我们受到了隆重的接待。

世界各国的旗帜在布拉格飘扬。代表团来自四面八方，联欢节歌颂和平和各国人民的大团结。苏联无疑得到了众口一词的称赞。

世界刚刚摆脱第二次世界大战的可怕景象。欧洲的年轻人，尤其是犹太年轻人，对红军和苏联所做的贡献充满了感激之情。我们正处于充满理想的年纪。可惜，我们后来都深感失望。

作为一个 14 岁的年轻人，我把与其他人的相识看作是不可多得的机会，甚至是一件珍宝。整个世界就在我的面前。一个比利时犹太青年居然可以与非洲人、中国人，甚至是美国人交流，我是何等的幸运！这次机会令我欣喜若狂、受益匪浅。另外，我还借机了解了越南、马达加斯加、阿尔及利亚、南非等第三世界国家的文化及其人民反对殖民主义的战斗。但当时在欧洲中心论的影响下，我对所有这些国家的认识都非常粗浅。人人平等，这是布拉格联欢节的主题。很久以后我才明白，即使是完美世界的梦想破灭了，我们依然可以梦想一个更加美好的世界。

我和我的同伴向其他人介绍第二次世界大战中比利时犹太人的命运。“德军占领比利时时，这个国家生活着大约66000名犹太人。只有10%的犹太人拥有比利时国籍，其余的人要么是移民、要么是难民。1942年夏天开始向死亡集中营移送时，首当其冲的是没有国籍的犹太人。一年后，轮到了拥有比利时国籍的犹太人。被运走的人数超过25000人……他们中只有不到2000人死里逃生。当大家得知德国人为犹太人安排的命运时，许多幸存者开始躲藏。有些人被合作者告发并被逮捕，其他人在天主教和共产党的秘密组织帮助下幸免于难。”

在联欢节的一周内，我们住在布拉格的一所中学里。我们参加了各种各样的文化活动。我们了解了各个国家的风俗；我们交换地址，互相做出承诺；我们咒骂“帝国主义和资本主义”，预言社会主义的“美好明天”；我们走出了昏暗之夜，对前进方向信心百倍。

联欢节结束后，庆祝活动持续不断。组织者邀请我们这个小小的犹太青年体育联合会代表团参加“社会主义建设”。需要说明的是，犹太青年体育联合会原则上是个独立组织，但它的领导几乎毫无例外地是比利时共产党党员。因此，我们的地位非同一般。

我们被带到布拉格郊区的一家工厂，我们的任务是用翻斗车将土坯运送到露天的晒架上。天气晴朗，劳动气氛轻松愉快。我们并不是真正意义上的斯达汉诺夫式工作者[①]。每当我们的车子到达一个轨道交叉处，并与一群姑娘相遇时，两个群体都会爆发出朗朗笑声。大家拥抱在一起，交通一时为之瘫痪。中午，我们吃玉米、捷克香肠、色拉米香肠、黄瓜、面包。晚上，我们住在一点儿也不舒服的宽敞宿舍里。年轻人的欢快、简单的人际关系、贫困中的粗茶淡饭至今令我受益匪浅，让我怀想不断。

在经历了这么多激动人心的事情后，我们必须回布鲁塞尔了，我又回到了犹太青年体育联合会的伙伴身边。一件具有世界影响的事情——1948 年以色列国建国——将深刻地影响我的生活，以及我们所有人的生活。

需要说明的是，在我的政治思想中，以色列虽然存在，但并不占据核心位置。犹太青年体育联合会和犹太互助会并非犹太复国主义组织。在这一点上，它们与其他青年组织——青年近卫军、戈多尼亚或贝塔尔——明显不同。它们虽然支持以色列建国，但并不赞同回归以色列。我们是——我至今依然是——犹太裔比利时人。我们为从事农业生产的基布兹心潮澎湃，我们赞赏本－古里安，但我们坚信，我们必须在比利时继续我们的政治斗争。

我们与比利时共产党采取的立场保持一致。而比利时共产党遵循苏联和社会主义国家的政策。我们不能忘记，苏联是第一个

① 斯达汉诺夫是顿巴斯中伊尔敏诺一个矿井的普通采煤工，他通过改进生产流程创造了采煤纪录。在《真理报》等媒体的宣传下，采煤工人掀起了一个追赶斯达汉诺夫的热潮。苏联为了发展需要，进一步开展了为创纪录为目标的“斯达汉诺夫运动”。而那些创新、创造纪录的工作者，则通常被称为斯达汉诺夫式工作者。——译者注

承认以色列的国家，而捷克斯洛伐克是向以色列提供武器的主要国家。

我一直密切关注新兴国家的建立。犹太青年体育联合会分为不同的小组，每个小组以被德军枪杀的犹太抵抗战士的名字命名。我们的小组很荣幸地以亨利·多布林斯基的名字命名，小组负责人是莫里斯·多恩。1948 年底，他却失去了踪影，我们都很担心。后来，突然有一天，我收到了一张他发自马赛的明信片，他简单地告诉我："我上了船，准备参加中东的战争。"他那时 18 岁。

那个时候，我只有 16 岁，无法加入犹太青年体育联合会的那个大约 30 人的团体，去与巴勒马这个左翼政治军事组织并肩战斗。他们分别来自布鲁塞尔、列日、沙勒鲁瓦等等。后来，其中两个人牺牲，多人受伤。

1950 年，我光荣地加入了比利时共产党。我所在的支部叫圣西尔－福雷，负责人是鲍勃·克拉森。后来，他因连续多年在美术馆和古今艺术博物馆做艺术讲座而声名鹊起。

我的第一个政治任务是在工厂门口发放传单。与此同时，我们的文化生活也非常引人入胜。犹太互助会成立了一个剧团，上演的剧目都用意第绪语。这个优美的语言已经濒临消亡。排练是在安特卫普大街一个咖啡馆的二楼进行的。

9 月份，我得到了一个角色。更让我高兴的是，我因此认识了我未来的妻子，多拉·巴吉斯。她和她母亲都是剧团的主力，

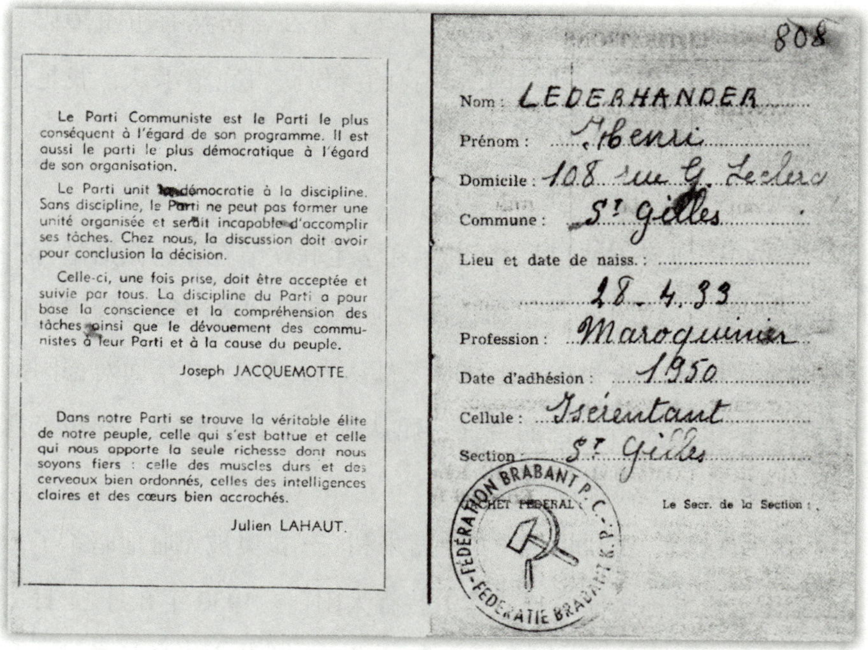

Le Parti Communiste est le Parti le plus conséquent à l'égard de son programme. Il est aussi le parti le plus démocratique à l'égard de son organisation.

Le Parti unit la démocratie à la discipline. Sans discipline, le Parti ne peut pas former une unité organisée et serait incapable d'accomplir ses tâches. Chez nous, la discussion doit avoir pour conclusion la décision.

Celle-ci, une fois prise, doit être acceptée et suivie par tous. La discipline du Parti a pour base la conscience et la compréhension des tâches ainsi que le dévouement des communistes à leur Parti et à la cause du peuple.

Joseph JACQUEMOTTE.

Dans notre Parti se trouve la véritable élite de notre peuple, celle qui s'est battue et celle qui nous apporte la seule richesse dont nous soyons fiers : celle des muscles durs et des cerveaux bien ordonnés, celles des intelligences claires et des cœurs bien accrochés.

Julien LAHAUT.

808

Nom : LEDERHANDER

Prénom : Henri

Domicile : 108 rue G. Leclerc

Commune : St Gilles

Lieu et date de naiss. : 28.4.33

Profession : Maroquinier

Date d'adhésion : 1950

Cellule : Iscientant

Section : St Gilles

FÉDÉRATION BRABANT P.C. CACHET FÉDÉRAL FEDERATIE BRABANT K.P.

Le Secr. de la Section :

我的比利时共产党党员证，入党时间：1950 年，支部：圣西尔。

而我则把她带到安德莱赫特利物浦街参加犹太青年体育联合会的活动。

我对多拉一见钟情。她美丽热情，至今依然是这样。我现在还记得，我们邂逅的那天，她穿一条褐色的裙子，一件绿色的上衣，发型酷似好莱坞漂亮的大明星维罗尼卡・莱克。

我一直是皮件厂工人，收入不多，和母亲同住。对于比利时来说，我是波兰人。这让我很烦闷。16 岁时，我正式申请加入比利时国籍。作为政治犯的子女，我有权利“以上帝的名义”申请入籍。

我那时领教了什么是官僚作风和追捕女巫。我被多次叫到国家安全部，他们要了解我的一切：我在什么地方散发过传单，去过哪些国家，是哪个党的成员，等等。好在，虽然有重重障碍，我最终还是得到了比利时国籍。我的身份获得完整承认：我是比利时人，同时也是犹太人。

1949年夏天，第二届国际青年和学生联欢节在布达佩斯举行。我没有前往。1950年，我却积极参加了反对利奥波德三世国王回国的抗议活动。我和众多比利时人都认为，在1940年面对德国敌人时，他没有履行自己的责任，屈从于占领者的要求，背叛了自己的国家，是纳粹暴行的帮凶。

8月18日，比利时共产党主席朱利安·拉奥被无耻地暗杀了。作家让·卢韦称赞他的“口袋中装有太阳”。1950年8月11日，当博杜安在议会前宣誓就任新的国王时，一位共产党议员高喊“共和国万岁！”拉奥勇敢地与他呼应。他被谋杀的第二天，全国陷入了大罢工。

同月15日，我和莫里斯·多恩一起搭顺风车去尼斯参加与法国和意大利共产主义青年团的集会。来自欧洲四面八方的青年人之间的友情令人难忘。在那里，我们还见到了艺术界、文学界、科学界的知名人物。《非人喜剧》的作者安德烈·维尔姆塞给我的亲笔签名我至今还珍藏着。我还记得伊夫·蒙当走上一个露天剧场的舞台，跳上同伴的钢琴盖，开始唱道：“爱情之花开巴黎，经月绽放在花期，两颗心儿微微笑，因为相爱在巴黎……”1950年5月，伊夫·蒙当在反对使用原子弹的《斯德哥尔摩宣言》上签上了自己的名字。

我那时得知了朱利安·拉奥的被刺。为了纪念他，尼斯街头组织了哀悼游行。我走在队伍前面，举着一面半卷的比利时国旗。直到今天，由比利时议会专门委员会组织的调查仍然没有找到刺杀朱利安·拉奥的凶手。

我的第一次蓝色海岸之行，就这样在悲喜交替中结束了。

回到布鲁塞尔后，我得知比利时共产党的领导口头同意犹太青年体育联合会中存在犹太共青团员。他们希望犹太青年体育联合会接纳共青团员，却没有考虑任何人的意见，不惜以失去成员为代价。事情的发展证明，对这样一个决定持保留态度的人是正确的，而我就属于其中之一。犹太青年体育联合会被解散了，党内成立了一个名为“团结”的犹太组织。它的机关和书店位于缩绒街。

1951 年 8 月，隶属于比利时人民青年团的“团结”组织了一个庞大的代表团，参加柏林联欢节。这届联欢节仍是由世界民主青年联合会组织的。当时正处于冷战之中。1950 年 6 月，朝鲜战争爆发。中华人民共和国和苏联支持北朝鲜，而由美国操纵的联合国支持南朝鲜，朝鲜战争一直持续到 1953 年。北朝鲜代表团无疑成为柏林联欢节的明星。柏林联欢节的主题是和平、和平共处，当然还有对斯大林的个人崇拜。作为犹太代表团的一员，我们尤其注重发展与德国自由青年团的关系。

4. 从军营到国际书店

衡量革命的标准不在于它的猛烈程度，而在于它的影响深度。

多明我会教士、解放神学积极分子
让·卡多内尔（Jean Cardonnel）
在 1968 年的三次讲座上所做的开场白

我面临着新的考验——服兵役。由于当时正是冷战期间，想逃避兵役基本上是不可能的。抵制战争，并出于道德原因而拒服兵役的让·范利埃德（Jean Van Lierde）就被关进了监狱，被迫去矿井挖煤。我和哥哥莫里斯还犯了一个大错：从原则上来说，我俩本来可以申请免服兵役，因为我们的父亲曾是武装抵抗运动的成员。

1951 年 10 月我进了部队，在那里一直待到 1953 年 6 月，总共是 21 个月。哥哥则待了整整两年。尽管心不甘情不愿，我们还是进入了北约部队。北大西洋公约组织创立于1949年4月4日，比利时是创始国之一。该组织的成立是为了确保西方安全、防止德国军国主义的复苏，以及防备苏联可能发起的进攻。由于对北约认识不清，我们像共产党内部的所有活动分子一样，感到左右为难。就像罗歇·拉勒芒（Roger Lallemand）援引马克思·韦伯（Max Weber）的表述所说的那样：政治活动不可避免地造成“信仰伦理”和“责任伦理”之间的矛盾，前者希望实现某种道德理想，而后者则考虑在特定的政治历史环境下的可实现性。

于是我投身于意在阻止苏联所谓“野心”的冒险中。不过，那些伟大的马克思主义思想家不是也说过，应当在布尔乔亚的军队里学习了解军人这一职业吗?

我将在位于梅赫伦的通信部队中受训。尽管一切算不上太有乐趣，但我还是学得很认真，甚至在士官考试中拿了第一名。但出乎意料地是，我没有获得军衔。相反，我被调到了位于列日的步兵部队，在那里待了6个月。这让我起了疑心，我怀疑自己受到了监视，被人发现了自己的政治倾向。事实上，自从到了列日的沙尔特斯，我就开始散发藏在袜子里的传单；这些传单揭露了政府把兵役时间从21个月延长到24个月的真正企图。后来的情况表明，从这时起我就被登记在案，并作为危险的、有破坏性的革命分子受到了监视。比利时人民青年团的领导人、水兵埃迪·蓬斯莱在其服兵役期间曾领导了这场反对政府计划的运动。他后来甚至被关进了监狱。在冷战的氛围中，这起事件被称为“蓬斯莱事件”。

没过多久，我再次被调动，这一次调到了巴斯托涅的阿登轻装兵部队。我在那里待了3个月。我换下浅棕色贝雷帽，换上饰有野猪头标志的绿色贝雷帽。军营里的气氛还不错，我们接受了严格训练。相比从书本和训话中获得知识，这里更看重团结互助的学习。我们上午进行越野跑和军事训练。有些人为了娱乐甚至尝试投掷小刀，而我差点成为牺牲品。

虽然知道自己受到了监视，但我仍继续散发反对延长兵役时间的传单。于是我再次被调离，与民兵部队一起到了德国都伦，在比利时占领军的司令部服役，我在那里度过了漫长无聊的10个月。在此期间，我只得到了3次回国休假的机会。休假期间的每个星期六下午3点整，我都会在证券交易所正门右边的狮子雕塑前跟女友见面。休假结束后，我又得重回孤立无援的境地。回到都伦后，我参加了各种各样累死人的体育训练和实弹军事演练。有一次，一发冲锋枪子弹在距离我两三米远的地方划过。这不是蓄谋的，但还是很危险。

我不抽烟。所以，我会利用休息时间串通守卫，千方百计把自己的配给香烟卖给等候在军营门口的德国人。

1952年，我在比利时休假期间得知比利时共产党下发了解散“团结”组织的指令。该组织的犹太共产党员必须加入比利时的党组织，而一般犹太年轻人则要加入比利时人民青年团。我反对这个决定，我相信大部分年轻人都不会同意，因为他们想在人民青年团之外保持一定的自主权[①]。

① 矛盾的是，各体育团体的运动员仍继续使用带有“团结”字样的号码布，并参加由比利时总工会工人体育联合会所组织的篮球和足球冠军赛。

我孤身一人，身无分文，前途渺茫……唯一支撑着我的是自己的信念，以及找回朋友和刚刚被解散的“团结”组织同志的迫切心情。

1953年6月，我离开了部队，勉勉强强回到布鲁塞尔。不幸的是，我的老板说他无法再让我回到皮件工厂工作了——这个行业正遭遇危机。但是工作收入是我唯一的经济来源，这实在是太悲惨了。怎么办呢？更何况我还打算结婚呢！

人在绝望的时候会一遍一遍地问自己：“我是谁？我做了什么？我该忠于谁？”正是在这时，偶然和必然来帮助我了。

当时领导比利时人民青年团的埃迪·蓬斯莱要我帮他组织将参加1953年8月布加勒斯特联欢节的比利时代表团。准备工作将在阿拉尔男爵（baron Allard）的画室里进行，该画室位于布鲁塞尔大广场上的一家银行楼上。阿拉尔男爵在旨在促进与中国和东欧国家贸易往来的柯美沃（COMEO）组织中非常活跃，同时，他也是一些反军国主义组织与和平组织中的活跃分子。共产主义者把他视作志同道合的朋友，这也使他被右翼媒体冠以“红色男爵”的绰号。除他之外，还有很多人也致力于发展与社会主义国家的关系。他们来自不同的社会领域：律师让·德冈（Jean Deguent），政治家格扎维埃·勒莱孔（Xavier Relecom），企业家赫尔谢·达尔曼（Hersz Dahlmann）和弗雷德里克·达尔曼（Frédéric Dahlmann），等等。大家都意识到，必须与“另一个世界”发展商贸、科技和文化交流，因为世界和平有赖于此。而我也尽力做好自己份内的工作，不求报酬。当时的我仍旧没有任何经济收入。

这时，友爱眷顾了我。我未婚妻的母亲于 1945 年从奥斯维辛集中营回到比利时。在三年的囚禁生活之后，她奇迹般地逃过了最后的处决。而她的丈夫则未能逃脱焚烧炉的厄运。

迫于生计，她开始制作卷毛羔皮大衣——这是当时十分流行的服装，但其制作过程非常恐怖。

要知道，在卷毛羔皮大衣被摆进商店橱窗或被某个美女穿在身上之前，首先要活生生地把毛皮从羊身上剥下来，然后把毛皮碎片缝制在一起，按样式进行裁剪。我未来的岳母做着这份最有损健康的工作。混合着皮毛的灰尘损害了她的支气管，她的手指变得僵硬，手腕也逐渐萎缩。由于没有工作，我觉得自己也可以尝试在这一领域谋生。我贷款买了一架缝纫机，坐进她的作坊，开始把上百片细小的卷毛羔皮缝合在一起。很快，我意识到自己根本不是这块料：既缺乏耐心，也不够灵巧。我的一双大手受尽折磨。由于干得不够快，我根本就是入不敷出——他们是按件计酬的。我觉得自己要疯了。别无他法，我只好卖掉缝纫机，离开了制衣作坊。我再一次独自面对命运。

每天晚上，我还是继续参加党内活动。这既是我活着的理由，也是能让我与社会保持联系的方式。

1953 年 3 月，斯大林死了。这是一个巨大的打击。所有的共产主义者都曾被迫对这个被我们戏称为“世界人民的小个子爸爸”的人进行个人崇拜——把战胜纳粹德国和建立一个新社会制度的功绩全都归功于他。

当初，我怀着对未来的希望积极地投入战斗，坚信会迎来人类的进步。我太热衷于革命的火焰，以至于把自己变成了它的养料。是的，我参加了比利时共产党和共产主义青年团为斯大林之死组织的哀悼活动。

当时，我的未婚妻在位于圣让广场的国际书店做秘书工作。这个书店隶属比利时共产党，经理是罗歇·范普拉克（Roger Van Praag），政治负责人是比利时共产党领导人之一让·泰尔夫（Jean Terfve）。

恰巧书店发货部的一个职员生病了，我暂时接替了他的工作。于是，我终于在1953年12月有了一份工作，担负起一些职责，也有了经济来源。我虽然只是一名打包工人，但从某种恐惧和耻辱中摆脱了出来。我的人生翻开了新的篇章。

5. 与中国的最初接触

是时候思考我的人生、践行我的思想了。

“国际书店”的名字多么引人遐想、雄心勃勃、傲气十足啊！我在那里的责任重大——做好宣传工作，“通过揭露来表达”。我对此深信不疑，完全投入到新工作中：我是发货部主任。

我们的产品是什么呢？国际书店是比利时唯一一家经销苏联和其他社会主义国家（包括中国和东欧国家）的法语出版物的销售商。因此，我们通过零售、批发和征订的形式，销售法语和其他语种的著作、书籍和期刊杂志。我们还有一个重要的俄语部，其客户主要是斯拉夫语专业的大学生和居住在比利时的俄国人。一个俄籍雇员负责该部门的工作。

期刊杂志用作宣传材料，其中包括《苏维埃联盟》（*Union soviétique*）、《新时代》（*Temps nouveaux*）、刊载有苏联共产党报告和决定的小册子。我们也销售小说和儿童书籍。直接销售工作主要由比利时共产党党员负责。“国际书店”在列日有一个分

△ 1939 年前后，我父亲（中）与两位友人在散步。

△ 1950 年，我的母亲与我的妹妹萨拉。

△ 1939 年夏，我们全家在奥斯滕德。

▷ 第二次世界大战期间，我躲藏在居代萨尔的儿童膳宿公寓。1942 年，公寓主管是范·埃兰夫人（中）。

▽ 安德莱赫特国立犹太烈士博物馆中刻有大屠杀中遇难的比利时犹太抵抗战士名字的纪念碑。我的父亲约伊纳·勒德汉德勒，名列其中。

▷ 1942 年，我的父亲约伊纳·勒德汉德勒，身着秘密抵抗战士服。

▽ 1943 年，我与哥哥莫里斯在居代萨尔。

△ 1944 年，解放居代萨尔的部分美国士兵。

◁ 1943 年，我与躲藏在居代萨尔的其他犹太儿童。

△ 1950 年，犹太青年体育联合会合唱团，我任指挥。

△ 1953 年，布鲁塞尔保卫和平示威活动。

△ 1952 年，服兵役期间的我。

△ 1954 年 2 月 27 日，在（布鲁塞尔）圣若斯市政厅前举行结婚典礼。

▷我的妻子多迪在国际书店工作。1954年，这张照片发表在比利时共产党的《红旗报》上。

店，名为“罗曼罗兰”，由罗歇·拉马凯尔（Roger Ramaekers）负责经营。

除了来自社会主义国家的出版物外，我们也销售法国出版商出版的图书，这些出版商包括：法国联合出版人、社会出版社、“法国文学”、《欧洲》杂志社。书店甚至会在位于布鲁塞尔纳穆尔门附近的一个名为“时钟”的漂亮餐馆里举办讲座，作家皮埃尔·科特（Pierre Cot）和安德烈·武姆泽（André Wurmser）以及其他一些人都是我们的嘉宾。

由于发货部的空间狭小，1954 年我们搬到了一个更加宽敞的办公地点，在凡登布兰登路上的一家咖啡馆的后面。整理工作花费了大量的时间和汗水。二战期间杰出的抵抗运动将领拉乌尔·巴利冈（Raoul Baligand）——一名真正的英雄——加入了我们的工作。1958 年初，书店的人事发生了一连串的变化。原先的经理秘书退休了，埃德加·朗杜（Edgar Randoux）接替了这一职位。没过多久，书店经理又要我接替朗杜，于是我被任命为经理秘书。

新的职位意味着新的责任。我于是又接手了书店出口方面的工作。在我们的客户中，苏联人会向我们订购在比利时出版的有关科学技术和医药方面的书籍。该部门的负责人是作家夏尔·巴隆（Charles Paron），他于 1968 年凭借小说《波浪也会死》（*Les Vagues peuvent mourir*）一书获得了比利时维克多·罗塞尔（Victor Rossel）文学奖。而我主要负责拓展出口业务。为此，我多次在东欧国家（苏联除外）举办的书展上设置展台，包括布拉格、索非亚、布达佩斯，最多的是在莱比锡——我每年都会去那里。通过参展，书店有了收益、赚到了钱。在这些活动中，我与中华人民共和国专门负责图书进出口的“国际书店”建立了联系。

由于当时比利时与中华人民共和国尚未建立外交关系（两国于 1971 年 10 月建交），我必须前往海牙、伯尔尼或东柏林去会见中国方面的同行。他们按我的要求给我提供小册子、书籍和版画，仅此而已。但与苏联驻布鲁塞尔大使馆商务代表索特尼科夫（Sotnikov）打交道却完全是另一种模式。索特尼科夫的办公室位于摄政大街，他总会强加给我一定的销售定额，而我心知肚明这些东西肯定卖不动。他曾卖给我一批数量惊人的赫鲁晓夫在 1956 年反斯大林的报告，但法国的《世界报》早就对此作过全文刊登！除了政治方面的问题，我始终关心的是如何不使书店的财政赤字加剧。总之，我们之间的一些令人难以置信的谈话并不总能以最好的方式收场。相反，跟中国人打交道时的气氛就完全不一样。他们会把经营上的需要与更加人性化、更有效率的工作方法结合起来。“您好吗？会不会太累？”“您愿意跟我们共进晚餐吗？这样我们就有机会进行愉快的交谈。”“你们需要哪些书籍和材料？”“千万别觉得有压力。”“如果你们没能卖掉我们提供的货物，我们会开具赊账单的。”“如果您对我们有任何建议，请说出来。”他们就是用这些方法跟我接触的。

渐渐地我掌握了经营的艺术，这是一门需要通过勤学苦练才能掌握的艺术。尽管人员工资和公司开销并不算重，但书店还是面临着各种财政困难。职员们的工资都很低，大家完全是凭着对党内活动的热情在干活！使我们的财政陷入困难的主要原因是各种进口税，因为国家对这些书籍都是按重量而不是按数量进行征税的。而从东欧国家过来的书无论是内容还是形式都很够分量，因此大额的税款不足为奇。

此外，当我们收到订单时，需要部分预付款。中国人总是会在短时间内把钱打过来，这使我能够支付人员工资和其他杂费；而苏联人却总是拖延，这给我们的财务造成了无谓的困难。

我的生活非常充实，更何况我还在恋爱。1954 年 2 月 27 日，我在圣若斯（Saint-Josse）与多迪（多拉·巴吉斯的昵称——译者注）完婚。对此还有什么更多可说的呢？我离开了母亲，和妻子一起组建了新的家庭。幸福也是一种革命性的观念。

在经营书店的同时，我还继续参加比利时人民青年团的各种活动。我是比利时共产党圣若斯支部的成员，该支部的负责人是著名的律师让·封丹（Jean Fontaine）先生。那时，我还在公共广场上叫卖过《红旗报》。在这些年里，我多次参加了共青团大会：1954 年，我在巴黎互助之家发言，之后在 1954 年到 1957 年间，又参加了在布拉格、布达佩斯（我在那里见到了切·格瓦拉）、东柏林等地召开的共青团大会。

1954 年底，我的政治生活、职业生涯和作为党内活动分子的生活将朝着一个全新的方向走去。在索非亚召开的一次共青团大会期间，我和埃迪·蓬斯莱与时任中华全国民主青年联合总会秘书长的吴学谦[1] 进行了一次工作会谈。这时距离中华人民共和国成立刚刚六年——1949 年 10 月 1 日，毛泽东宣布“中国人民从此站起来了！”吴学谦让我们组织一个比利时青年代表团，应邀于 1955 年 4 月至 6 月间在中国进行考察旅行。我们兴奋地接受了这个任务：去中华人民共和国看看所发生的一切，这是多么幸运的事啊！更何况这个正遭到西方世界封锁的国家，有着迷人的文化和独特的政治经历，她刚刚摆脱了封建主义、殖民主义的压迫，从独立战争中走出来——总之，这是一个值得去发现探索的世界。

组建代表团不是一件容易的事。而且，中国方面还坚持要求代表团成员应由比利时主要思想流派的代表人物构成：基督徒、社会主义者、共产主义者。最后，在青年东西方文化委员会（Comité culturel Est–Ouest de la jeunesse）的发起下，代表团成立了。其成员包括鲁汶天主教大学研究员、保卫和平教师组织（Enseignants pour la paix）成员雅克·塔米尼奥（Jacques Taminiaux），社会主义青年近卫军（Jeunes Gardes socialistes）成员、比利时《人民日报》编辑罗贝尔·法洛尼（Robert Falony），比利时先锋队联盟（Union des pionniers de Belgique）的成员、被选为代表团团长的让·拉瓦舍里（Jean Lavachery），梅赫伦青年天主教社会党书记乔治·范布根霍特（Georges Van Buggenhout），瑟兰地区（Seraing）新教牧师雷蒙·克拉萨尔（Raymond Crassarts），天主教童子军领导人、布鲁塞尔执业律师安托万·布朗（Antoine Braun），社会主义青年近卫军全国办公室成员戴茜·莱纳尔（Daisy Leenaerts），鲁汶天

① 他后来还担任了中国国务委员、外交部部长、副总理、中共中央政治局委员、全国政协副主席等职务。除“文革”期间，我一直与他保持着联系。

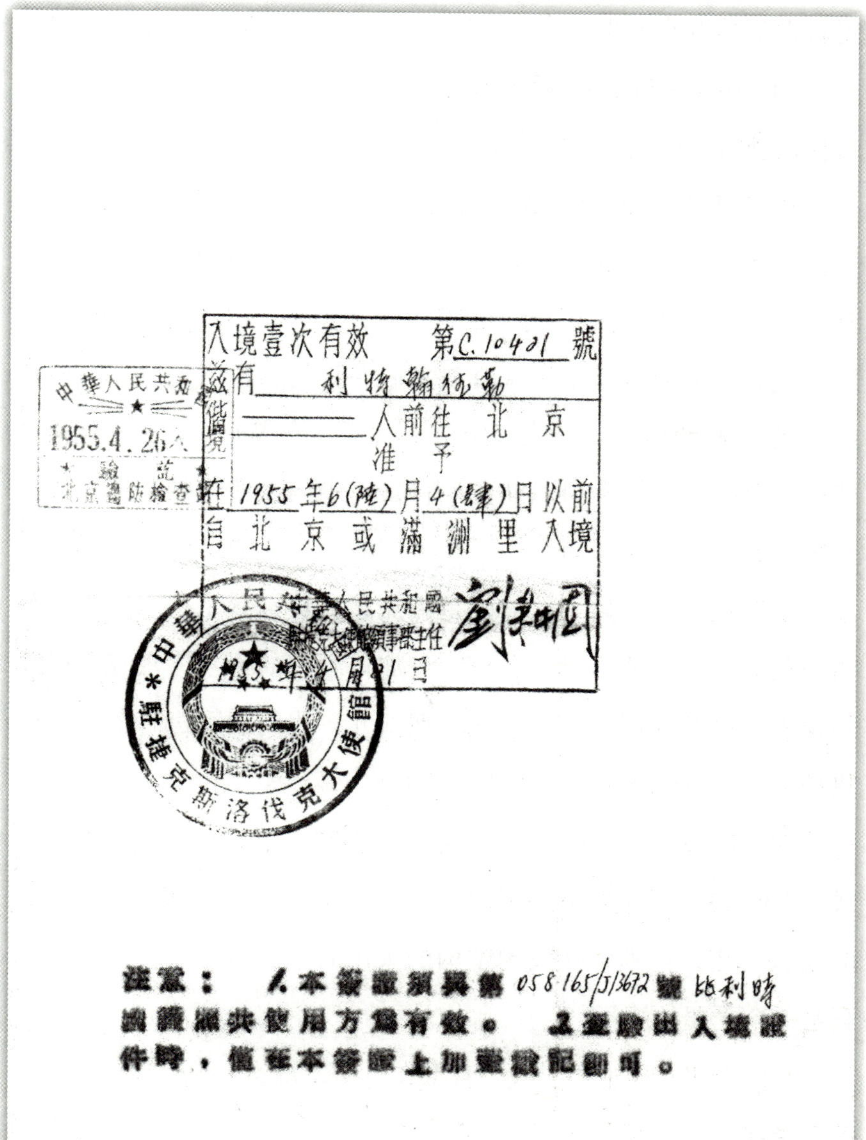
入境壹次有效 第C.10401號
茲有
人前往 北 京
准 予
在1955年6(陸)月4(肆)日以前
自北京或滿洲里入境

注意： 1.本簽證須與第058165/J13672號比利時護照共使用方為有效。 2.更換出入境證件時，僅在本簽證上加蓋戳記即可。

我的第一个中国签证，1955 年 4 月 21 日由中国驻莫斯科大使馆领事部签发。

主教大学学生弗雷迪·德·布依斯特(Freddy De Buyst)和皮埃尔·里克曼(Pierre Rijckmans，后改名为西蒙·莱斯 Simon Leys)，还有我，时任比利时共产党全国办公室成员和国际关系部负责人。

1955 年 4 月 20 日，我们乘坐苏联国家航空公司的伊尔客机离开扎芬特姆机场（Zaventem）。虽然是第一次坐飞机，但我并不感到兴奋。

到北京去简直就是一次奇遇之旅。我们感觉回到了沙漠旅行的时代，因为时间过得真是太慢了。先是从布鲁塞尔飞到布拉格，然后从布拉格到莫斯科。在莫斯科，应中国大使馆的邀请，我们停留了 5 天，在此期间了解了新中国的历史。随后，我们换了一架伊尔客机，又开始了停停走走的旅途：莫斯科、鄂木斯克、新西伯利亚、克拉斯诺亚尔斯克、贝加尔湖畔的伊尔库茨克，然后是蒙古人民共和国的乌兰巴托（在那儿，我们的飞机降落在一个牧场上），最后终于到达了中国的北京。

我们的飞机可以装载 26 名乘客，在整个飞行过程中没有超过海拔 3500 米的飞行高度。这意味着我们能够很清楚地感觉到地面的起伏变化，特别是在飞越中国的天山时，气流一个接一个，那真是一个受罪的旅行。

在整个飞行旅途中，我一直都在生病。每到一个停靠点，我们都享受到了当地的特色食物：盛在镶有银质外壳杯子里的茶（这些杯子的故主极有可能是沙皇俄国的富农）、口味平淡的俄罗斯甜菜浓汤。最后大家都憧憬起北京烤鸭来。这次旅程持续了 30 多个小时。

4 月 26 日，当我们最终踏上中国小机场的土地时，才深深地舒了一口气。我们受到了热情的欢迎。

6. 在中国会见周恩来

中国不仅仅是个国家，它是一个完整的世界……

在持续时间、连续性、创造性和独特性方面，任何一种文明都不能与中华文明相媲美。

西里尔·雅瓦里（Cyrille J.-D. Javary）和阿兰·王（Alain Wang），小拉鲁斯百科辞典（2012）中的“新中国”词条。

在那个年代，中国人会在飞机舷梯下、手捧鲜花迎接他们的客人。

我们上了一辆老式大巴。在行驶的土路上，我们遇到了一支骆驼商队，很多骑车出行的人，还有三轮车、人力车、驴子、骡子，后座上挂着蔬菜、猪肉或坐着人的自行车。我们被带到了位于北京城中心的一处宅院，它曾属于蒋介石家族。每个房间住两个人，里面有各种舒适的起居设备和一个热水瓶。我们甚至没有时间进行休整，就参加了第一次会议，以确定我们此行的目的，共同制订旅行路线。

中方建议我们涉猎各个领域：教育、重工业、土地改革、扫盲运动、宗教与国家的关系、新闻出版、历史遗迹、艺术、医疗卫生状况等等。我们接受了这一计划。行程的安排引人入胜，我们将造访北京、天津、沈阳、抚顺、鞍山、南京、无锡、上海和杭州，路线总长5000公里。这一路我们将坐火车、飞机、汽车……还有步行。

如果把我们在这个拥有960万平方公里土地和（在当时）5亿人口的国家的见闻一一罗列出来，或许会让人感到厌烦。让代表团成员至今难忘的是临行前与时任共和国总理兼外交部部长的周恩来所进行的会面。让·拉瓦舍里后来回忆道：“周恩来是一个极为平易近人的对话者，他的博学和对当代问题的深刻见解让每个人印象深刻。他谈到了中国经济建设中遇到的问题、政府所面临的繁重任务、干部的缺乏，特别是干部培养问题。他甚至提到了自己在沙勒罗瓦劳动大学的经历。他强调，必须要抛弃或改变某些极具中国特色却与实际生活脱节的陈旧的艺术形式。他还介绍了中国政府在宗教与国家关系问题上的立场，同时他表示，希望这二者间的关系能够在发展中不断改善，而要实现这一点，必须保证宗教不干涉政治生活。[①]”这番讲话即使是在60年后的今天仍然适用。中国政府所面临的任务依然繁重。今天，中国仍然要求宗教人士与所有公民一样，遵守国家的宪法，因此中国像所

① 《红旗报》，1955年。

有现代国家一样，真正实现了宗教与国家的分离。

在会谈结束后，每个人都获赠了一本由周恩来题词的艺术图书。我得到了一本齐白石（1863–1957）画册。这位伟大的中国画家在其作品中展现了花鸟虫鱼的天然意趣。他的绘画反映了画家对包括人和动物在内的一切生命的热爱。

在抵达中国的第二天早上，我们就遇到了一个日常问题："你们早餐想吃什么？"我们的翻译王岭新（音译：Wang Ling-sin）问道——这是一个见多识广的人，我至今还时常见到他。我们可以选中餐也可以选西餐。在尝试了一次中餐之后，大家还是都回到了传统的西式早餐：面包、黄油、果酱加咖啡。这件事让我和其他一些代表团成员也意识到现实并非都如许多分析家的设想：中国和中国人仍会钟情于早餐时的米粥，而不是烤面包；相比刀叉，也更愿意继续使用筷子。最好是每个人可以有自己的选择：要么用筷子，要么用叉子。这些"中国观察家"还想象，既然中国将达到和西方一样的发展水平，它也必然会采取和西方一样的生活方式、思维方式和管理方式，并将执行和我们一样的法律法规。事实完全不是这么回事。我更加倾向于认为，西方人对东方的误解实在太多了。创办并领导了"人世"（*Terre humaine*）丛书、在这个领域不乏经验的让·马洛里（Jean Malaurie）告诉我们，"文化多元性是人类进步的前提条件[①]"。我完全同意他的看法。

① 这句话是让·马洛里1998年在圣马洛举办的旅行艺术节上与泰奥多尔·莫诺（Théodore Monod）谈话时所说的。

我们准备好去参观计划中的各个工作单位，观看中方为我们举办的各种演出，并在整个行程中参加孩子们准备的各种晚会。但代表团成员在整齐的表面背后却各有各的态度。有些人只想着批评，有些人对一切都感到喜悦和赞叹，有些人只想着此行会让他们在回国后对别人说自己“像尤利西斯一样做了一次长途旅行而感到幸福”。很少有人像阿梅丽·诺东（Amélie Nothomb）在《饥饿传记》[①]（*Biographie de la faim*）中所写的那样，认为“学习中国，是在学习智慧”；也少有人意识到，中国凭借其数千年的历史，正在创造未来，但前进途中也必然遇到困难。

我也有自己的困难。毫不夸张地说，离开比利时的时候，我的全部行李只有一件衬衫和一份微薄的旅费。作为整个代表团中最贫困的成员，我几乎能发自内心地感受到中国人民对明天的希望。

而对于皮埃尔·里奇克曼，也就是西蒙·莱斯来说，他始终为中国的神职人员和历史古迹的命运感到忧心。

1955 年 5 月 1 日，在天安门广场上所举行的劳动节庆祝活动让我们所有人感受强烈。怎么描述当时的场景呢？广场上满是彩车、舞蹈演员、运动员、工人、农民、军人、老师和学生、演员、北京城的老老少少……洪亮的音乐声，还有夜晚的焰火。上帝知道中国人在这方面是多么擅长！它集里约热内卢狂欢节、摩纳哥艺术节、阅兵式、选举活动、人民集会和欢乐多彩的喧闹于一体。在天安门城楼上的国家领导人的注视下，50 万人列队走过。这些领导人包括毛泽东、刘少奇、朱德、周恩来。在他们身边，是主

① 巴黎，阿尔宾·米歇尔出版社，2004 年。

要来自亚洲和非洲的外国政要，而我们就在离他们不远的地方。面对这样的场景，谁也不可能无动于衷。

六个星期后，我们对新中国所取得的进步有了一个大概的认识，但我们清楚地知道，中国正在进行有其自己特色的发展，它既不同于苏联模式，也不仿效日本。中国正在一步步走上国际舞台，因此亟需在外交上承认中国，并与之在多领域建立关系。正如克洛德・列维－斯特劳斯（Claude Lévi-Strauss）所说，“遇见与自己看上去如此不同的他者是最幸运的事，也是一份取之不尽的财富。①”

就这样，我回到了布鲁塞尔，虽然筋疲力尽，却为扩大了自己的思维视野而感到幸福。

没过多久，我去莱比锡参加一个贸易展，我们的展位上陈列着国际书店所经销的比利时出版物。我是坐一个商人朋友的车去的。我们住在当地人家里，一方面为了更贴近普通民众的现实生活，另一方面，也为了节省经费。一个比利时工业代表团出席了我们展台的开展仪式，其中有沙勒罗瓦电子制造厂（ACEC）的代表。代表团成员弗雷德里克・达尔曼利用自己与民主德国领导层之间的良好关系为沙勒罗瓦电子制造厂办了一些实事。此外，也由于他的关系，赫鲁晓夫来到了比利时展台，使我有幸被介绍给了这位苏联共产党中央第一书记。

① 罗贝尔・马吉奥利，《列维－斯特劳斯印记》（L'empreinte Lévi-Strauss），解放出版社，2009年11月4日。

7. 成立比中友协

20世纪自称“共产主义”的“极权体制”并不真的是共产主义（……）。共产主义思想有可能突然在西方重现（……）。它带有毋庸置疑的道德普遍性，因此我们有权认为，人民群众终究有一天会在这一思想中看到他们的共同利益。

伊冯·基尼乌（Yvon Quiniou），《政治的道德抱负：改变人类》，《世界报》，2010年8月16日。

1957年，我仍在比利时共产主义青年团内积极活动。在比利时共产党的一次全国代表大会之后，它取代了比利时人民青年团。我甚至还与埃迪·蓬斯莱、儒勒·拉斯金（Jules Raskin）、马塞尔·勒沃（Marcel Levaux）、莱奥·迪贝克斯（Leo Tiebacks）、玛丽安娜·蒙福尔（Marianne Monfort）、米歇尔·范登博特（Michel Vandenborght）[1] 一起当选为政治局委员。

---

① 曾是抵抗运动成员、第二次世界大战抵抗运动成员国际联合会主席，于2010年去世。

我接受了一件重要任务，即组建将去参加 1957 年 8 月莫斯科世界联欢节的比利时代表团。我很喜欢这项工作，能召集几百位来自不同政治哲学领域的青年和重要人士——他们都致力于保卫和平、结束不公正。

冷战正如火如荼地进行着，大事一件接一件：1953 年 3 月 5 日，斯大林逝世；1953 年 7 月 27 日，朝鲜半岛停火；1954 年，阿尔及利亚独立战争爆发；1955 年 4 月 18 日至 24 日，不结盟国家会议在万隆召开；1956 年 2 月 24 日，《赫鲁晓夫报告》泄露，反斯大林运动；1956 年 11 月 4 日，苏联坦克开进布达佩斯；1957 年 2 月 27 日，毛泽东提出“百花齐放，百家争鸣”的方针，中苏出现分歧；1957 年，比利时中国友好协会成立。而我则在自己位于布鲁塞尔丰泰纳斯（Fontainas）广场附近的房间里积极筹备比利时代表团的成立。这项工作非常成功，有 650 多名比利时代表前往莫斯科，其中包括保罗·当布隆（Paul Danblon）（电视台负责科技方面报道的记者）、罗歇·拉勒芒（后成为社会党议员）、让·阿布西（Jean Absil）（作曲家）等等。我担任代表团团长。

这届联欢节取得的成功超乎人们预料。现场气氛热烈，有艺术、体育和科技领域的竞赛。期间，来自世界各国的年轻人相互交流，其中就有很多来自中国的代表。

与此同时，多个比利时代表团受邀访问中国，代表团成员中有律师、大学教授、政要、经济学家、艺术家、作家……这些有识之士和文化人士在结束了他们的访问后，带回了大量问题，但同时也相信，继续与中国人民进行交流是必须且迫切的。

于是，他们中的大多数人决定于 1957 年成立一个非盈利性协会，并将其命名为比利时中国友好协会。

比中友协的创建者来自不同的政治和哲学领域。其中有政坛老兵，如：国务大臣卡米耶·于斯曼斯（Camille Huysmans），社会主义者中的重量级人物玛尔特·德岗（Marthe Deguent），比利时自由党领导人雅克·范奥费朗（Jacques Van Offelen），比利时共产党前总书记格扎维埃·勒莱孔，此外还有律师、于 1954–1957 年间担任比利时大东方共济会分院院长的罗贝尔·阿迈德（Robert Hamaide），杰出的经济学家、中央经济委员会（Conseil central de l'économie）秘书长夏尔·罗治（Charles Roger），画家、剧作家塞尔日·格勒兹（Serge Greuz），社会公用事业学校（Ecole de service social）校长让·尼翁（Jean Nihon），律师儒勒·肖梅（Jules Chomé）和马塞尔·斯卢日尼（Marcel Sluzny）等等。我本人也是创建者之一，负责协会的财会管理。该协会的重要贡献在于促使比利时政府与蒋介石政权断交，并承认只有一个中国即中华人民共和国，而台湾是其不可分割的一部分。

事实上，那时的美国还寄希望于蒋介石能重新征服中国。他们对西欧国家不断施压，确保他们继续孤立新中国。

要想深入理解这些挑战，就不得不回溯到几个世纪前，简要回顾一下比利时和中国之间的关系。事实上，正是在这一背景下，我在道义和财政两方面做出了最重要的贡献。

17 世纪，大量欧洲传教士前往美洲、非洲和亚洲传教。当时正处于清王朝（1644–1911）统治下的中国是教廷确定的重要对象，派去了多明我教会、方济各教会、奥古斯丁教派、尤其是耶稣会的传教士。当时，中国是全球最大的手工业生产地和最大的贸易市场，纺织工业贸易蓬勃发展，与欧洲的纺织工厂之间产生了竞争，中国人还掌握了精湛的合金冶炼技术。一船一船的中国茶叶、丝绸、瓷器和漆器被运往欧洲的各个港口。所有工业国家都与中国有贸易往来。耶稣会传教士对中国朝廷有重要影响，他们中的很多人都是杰出的双语者，他们在天文、地图绘制和数学领域的学识让中国人惊叹；他们是欧洲和中国之间进行交流的桥梁。

最有影响的人物当属意大利耶稣会传教士利玛窦，他是第一个与中国皇帝建立起密切关系的传教士和西方人；另一位耶稣会教士汤若望则曾在北京任清廷钦天监监正一职；他的后继者、来自距离布鲁日（Bruges）不远的皮特姆（Pittem）的南怀仁，是天文历算方面的专家。我曾多次在北京古老的观象台上看到过由他设计制造的天文仪器。康熙皇帝曾说，他想让所有人知道自己对南怀仁的尊敬。南怀仁在比利时也同样有名——1982 年 7 月，比利时成立了南怀仁基金会，下属于鲁汶天主教大学。

19 世纪，比利时在中国最引人注目的包括铁路的修建 [1898 年签署了关于由让 · 雅多（Jean Jadot）主持修建京汉铁路的协议]、煤炭的开采、有轨电车网络的建设（主要是在天津）。比利时生产的玻璃杯、钢筋、锌和武器被悬挂着各国国旗的船只运到上海，仅比利时籍的那些大船长们的经历就可以写成多本著作。后来，比利时的学者就这一时期进行了一些相关研究，其中有吉内特 · 库尔干 – 范亨藤里克（Ginette Kurgan–Van Hentenryck）教授写的《利奥波德二世与比利时在华金融团队》（*Léopold II et les groupes financiers belges en Chine*）、1972 年由比利时皇家学院出版的《皇家政策及其效果（1895–1914）》（*La politique royale et ses prolongements，1895–1914*）。还有一项虽简短却有益的工作成果是由欧罗巴利亚（Europalia）于 2009 年至 2010 年间出版的对比利时与中国关系的记述。

对促进比中两国关系作出过贡献的先锋人物还有：布拉邦公爵（duc de Brabant，即后来的利奥波德二世）、H · 塞吕（H. Serruys，比利时第一位外交官）、E · 西杜瓦纳（H. Sidoine，曾任柯克里尔公司经理）、让 · 雅多（负责修建北京至汉口铁路的总工程师）、R · 瓦罗凯（R. Warocqué，主管煤炭开采的官员）、E · 旺德维尔得（E. Vandervelde，比利时外交部部长）、A · 斯托克莱（A. Stoclet，中国铁路协会主席）、E · 弗朗奇（E. Franqui，天津有轨电车和照明国际公司员工）、V · 莱贝（V. Lebbe，神父，据说是他把自行车引进中国的），以及比利时圣母圣心会的 T · 韦尔比斯特（T. Verbist）。

正是由于这些人的努力，《中比贸易协定》（*traité sino–belge de commerce*）和《比中商贸友谊协定》（*traitéde commerce et d'amitié entre la Belgique et la Chine*）分别于 1865 年和 1928 年签订，1905 年成立了中比商会（Chambre de commerce sino–belge），1910 年成立了中比研究会（Société d'études sino–belge），1925 年成立了中比教育和慈善委员会（Commission sino–belge d'instruction et de philanthropie），1929 年成立了比利时中国问题高级研究院（Institut belge des hautes études chinoises）、中比镭研究所（Institut sino–

belge du radium），等等。

但是，我们也不能忘记，1902年比利时在中国的上海和天津设立了租界。中国在英国挑起的鸦片战争中失败，1842年签订的《南京条约》迫使中国将部分领土割让给西方列强。租界内的中国人受占领国的管辖，税收和其他财政收入都归外国人所有。我甚至记得在我第一次造访中国时，曾在上海的一个公园门口看到英国人在19世纪所悬挂的一块牌子上写着“华人与狗不得入内”。比利时在20世纪20年代成为第一个向中国归还其租界的国家，而这一点也使我多次赢得中国朋友的好感。

但是，在1949年10月1日中华人民共和国成立、毛泽东宣布“中国人民从此站立起来了”后，比利时和大多数西方国家一样，无视这一事实，继续与逃到台湾的蒋介石政权保持外交关系。

尽管比利时官方在外交上不承认新中国，却不能阻碍两国间的交流。比利时企业联合会（Fédération des entreprises de Belgique）通过比利时远东协会（Association belge pour l'Extrême-Orient）和东方贸易研究会（Comité pour l'étude du commerce avec l'Est）定期发表关于中国的信息，并出版专门介绍中国情况的月度公告《柯美沃》（COMEO）。

美国则继续阻挠国际社会承认中华人民共和国。联合国甚至决定对出口中国的货物实行禁运。尽管对此十分犹豫，比利时也还是服从了。时任比利时外交部长的保罗·范西兰后来写道：“我们在中国的利益巨大，部分在华的比利时业务取得了一定的成功。

我们意识到制裁会给这些业务带来负面影响。但是，这一点不能影响我们的整体政策，还是要以我们与盟国间的关系以及我们自身的安全为重。①”

为了反对这个否认世界四分之一人口的存在、危害国际关系稳定的荒谬政策，阿拉尔男爵与其他开明人士共同创建了比利时促进国际贸易发展委员会（Comité belge de contribution au développement du commerce international），他本人任委员会主席。

1954 年的日内瓦远东会议明确标志着中国与西方国家在商贸领域的靠拢。外交上的承认则还有很长的路要走。

1956 年，在比利时企业联合会的发起下，一个由自由党议员雅克·范德尔·舒尔亨（Jacques Van der Schueren）带队的经济代表团终于出访中国。雅克·范德尔·舒尔亨在回国后宣布："未经观察分析就轻易地对一个经济制度做出判断是错误的。我认为人与人之间的交往是最有益于和平事业的。②”而卡米耶·于斯曼斯则公开表示，他认为"两国间建立文化和经济联系没有任何困难……希望事情朝着有益于建立政治关系的方向发展。③”大家领会了他的意思。正是在所有这些代表团的促成下，比利时中国友好协会成立了。

① 《红旗报》，1955 年。
② 1956 年比利时工业联合会新闻发布会。
③ 1956 年众议院新闻发布会。卡米耶·于斯曼斯（1871—1968）是一位受人尊敬的弗拉芒语区社会主义者。他曾担任过非常重要的职位：首相、安特卫普市市长、众议院议长、布鲁塞尔自由大学教授、坎布雷高等学校的创始人，以及社会党国际主席。

1956 年，我的妻子仍在特拉科萨公司（Tracosa）工作，这是一家重要的进出口公司，创办于 1947 年。同年 5 月 20 日，我们的第一个小宝贝达尼埃尔（Danielle）出生了。

达尼埃尔是一个希伯来语名字，意思是“上帝是我们的裁决者”。但这并非我们选择这个名字的原因，可能是一位朋友的话在无形中影响了我们的选择。她说：这是一个充满正面能量的名字，它的发音让人感觉像一个蹦跳的皮球，拼写中的两个“l”既平衡了各个音节，又预示着拥有这个名字的人能自由翱翔。

我们仍旧住在圣若斯，生活条件艰苦。正是在各种困难中，多迪充分展现了她的种种优点，她就像包括让·费拉（Jean Ferrat）在内的诗人所描述的那样：“女人是男人的未来。”我还想借用毛泽东曾说过的话再补充一句：“妇女能顶半边天。”在我们携手走过的岁月中，多迪总是能鼓舞我去获取成功，在失败时给我安慰；她会提出新颖的建议，打消不切实际的想法；她能理解我的疑惑，原谅我犯的错误，倾听我的忧伤，接受我的不确定；她能提供帮助，却不以此为耀；她谴责不公正，爱老人和孩子，绝不给他们强加束缚；她欣赏美、真实和新生事物，拒绝丑陋和虚伪；她能让记忆永葆生机，拒绝遗忘。

1958 年，我们即将迎来职业生涯和政治生活的决定性转折。

8. 与比共领导的分歧

法语单词“apprendre”与“hôte”一样都同时具有两个含义，而且这两个含义是完全对称的。就像“hôte”既可以表示“主人”也可以表示“宾客”一样，“apprendre”一词既有“学习”也有“教授”的意思。其实这二者是同时进行的：教授别人的同时，我们也在学习。

1958年4月19日，布鲁塞尔世界博览会开幕。作为全球瞩目的盛会，这是第二次世界大战结束后举办的第一次世界博览会。在各国奇妙的展馆展台中，苏联馆尤其引人注目，它位于美国馆的正对面。偶然性总是会给我们带来意想不到的事。但这真的是偶然吗？当时的苏联是一个世界强国，其社会组织形式与我们的大相径庭。它必须重塑自己的国际形象，因为1956年它的坦克开进了布达佩斯。

诚然，苏联在二战后的世界拥有一些优势：它对纳粹政权的倒台起到了决定性的作用，反斯大林运动正如火如荼地进行着，航空领域的成功也使它更受欢迎。1957 年 10 月 4 日 19 时 28 分 34 秒，苏联发射了世界上第一颗人造地球卫星，这使它成为世界航空第一强国。第一颗人造地球卫星的哔哔声曾响彻全世界。这深深刺痛了美国人，部分美国媒体认为该事件对美国来说是一次“珍珠港”式的惨败。1957 年 11 月 3 日，苏联人接着把载有母犬莱卡的火箭送上太空，1958 年 5 月 15 日又发射了第三颗人造地球卫星，里面装载了用于研究地球外太空的各种仪器。世博会上的苏联馆里有一个按 1：1 比例制作的“卫星 1 号”的模型，还有运载火箭和研究仪器的同比例模型，以及世界上第一座原子能发电站的设计模型。

因此，苏联馆自然是格外的庞大、神奇和诱人。我作为国际书店的代表也参加了馆内的活动。苏联方面给我提供了数以吨计的书籍、杂志、邮票、折页和宣传物品。真是责任重大啊！成千上万的参观者来到我们的展台，离开的时候，怀里抱满了法语版的文学作品和让人着迷的宣传小册子。今天，在跳蚤市场上旧货商的纸箱子里还能找到这些出版物……

这是疯狂和劳累的六个月。为了不至于让自己累死，我请了 25 个人来帮我，其中有莫尼克·贝努（Monique Benout），她后来也进入国际书店工作，再后来成为了越南发行和文献收集中心的主要负责人。1959 年，也就是布鲁塞尔世博会之后的一年，美国和越南开战。直到 1975 年，越南才赢得了这场战争的胜利。

每天，我们都会现场印制一批宣传册，用以免费发放。到了晚上，我会在绿廊（La Pergola）餐馆跟我的销售员们碰头，汇总销售成果。这是国际书店第一次获得如此丰厚的利润。这是一段让人斗志昂扬的日子——每天要工作14个小时，但同时也有怀疑，因为暗地里出现了对中苏关系的质疑。

国际书店展台所取得的成功使我在博览会结束之后成为了书店的执行经理。

苏联和中国在有关印度问题[①] 上的分歧对书店产生了意想不到的影响。该分歧的焦点是1914年3月11日大英帝国代表所强加给中印两国的国界线。1954年4月29日，北京和新德里就中国西藏地区和印度之间的贸易和关系签订了一个协议。这表明，印度承认中国在西藏的主权，并同意极大地削弱自己在这一地区的影响。但是，该协议没有涉及边界问题。这就是为什么两国关系日益恶化，并在1962年10月12日这天演变为区域性的军事冲突。该冲突最后以印度的失败告终。1959年3月16日夜晚，达赖喇嘛潜逃印度，这件事使得事态更加复杂。1962年11月20日，中印两国宣布停火，尽管中国军队完全有能力继续前进。苏联政府和美国政府一样，曾公开表示支持印度。2010年底，中国总理温家宝在访问印度时表示，中印边界问题是历史遗留下来的，彻底解决这一问题不是件容易的事，需要耐心、真诚、互信和坚持不懈的努力，找到双方都能接受的、合理的解决办法。[②]

① 我在此不想深谈中印关系，因为在我写这篇文章时，试图解决两国争端的商讨仍在继续。它们的主要矛盾在于如何划定喜马拉雅地区的国界。这一地区具有重要的战略意义，因为那里是亚洲许多大河如印度河、恒河、雅鲁藏布江、黄河、长江、湄公河的发源地，这些河流养育了占世界人口40%的人民。

② 据法新社Giles Hewitt报道。

我的观点一向是应该让公众获得介绍中国对中印冲突所持观点的小册子，从而使每个人都能形成自己的看法，更何况我们正处于中苏决裂的关键时期。

书店出了一个介绍政治方面新出版物的简报，我打算在其中介绍一下中国的那本小册子。出乎意料的是，我收到了比利时共产党政治局委员、负责文化事务的让·泰尔夫的通知，他警告我说："亨利，我们跟中国共产党的意见不一致。我们不同意发行这个小册子。"鉴于自己与中国的关系，我反对这个违背民主精神的决定，并把自己的想法讲了出来。我不同意终止小册子的发行。应该让读者自主地选择自己的立场。在我看来，与其做出限制，不如用道理去说服。

于是，让·泰尔夫和我之间开始了一场较量。

但是，中国的国际书店把我的决定翻译并张贴出来，还把情况通报给了所有员工。

在活跃于比利时社会的同时，我仍然与犹太人的圈子保持着联系。1959 年，比利时的反犹太主义再度爆发。极右派组织活动猖獗，他们张贴通告，散发传单。布鲁塞尔的大街小巷写满了标语，散播着各种仇恨的信息。我和几个朋友对此深恶痛绝、义愤填膺，决定做出反击。11 月，我们在布鲁塞尔的"金色战车"小餐馆里聚会。其中有大卫·萨斯坎德（David Susskind，比利时犹太人里的重要人物，于 2012 年底去世），多尔夫·尤里斯塔（Dolf Jurysta），西蒙·古特曼（Simon Gutman），莱昂·拉维多维奇（Léon Ravidovitch），莱昂·格里内（Léon Griner），马塞尔·瓦伊斯科普（Marcel Wajskop），安德烈·亚维博姆（André Jawerbaum）以及我的哥哥莫里斯。我们成立了一个非盈利性协会——犹太文化与体育中心，其宗旨简单而明确："与反犹太主义以及一切种族主义做斗争，支持以色列。"

在我个人生活方面也发生了一些变化。我之前提到过，我的岳母在奥斯维辛集中营度过了三年的苦难岁月，最终重获自由，但她的丈夫却和其他600万被处决的犹太人一样，没能从集中营里出来。岳母作为幸存者，获得了45万法郎的赔偿。在这笔钱的基础上，我又向银行贷了一笔钱（分20年还清），然后在热特（Jette）区修了一栋房子。对即将年满27岁的我来说，这是第一次能支配这么大数额的款项，为家人构筑属于我们自己的小窝。这栋房子有两个套间，其中一套给我岳母住，而我自己的小家庭则住在另一个套间里。我逐渐过上了稳定的生活，开始能比较从容地考虑未来。

人类进入20世纪60年代，新的历史开始了，比利时的社会生活和政治领域出现了重大动荡，其造成的影响至今仍未消除。

9. 进入商界

人民沉睡我垂死。

人民苏醒你必亡。

维克多·雨果，《九三年》

雨果的最后一本小说，于1874年出版。

一切开始于1960年12月14日。为了应对布鲁塞尔遭遇的政治经济危机，由天主教社会党和自由党组成的伊斯更斯（Eyskens）政府选择进行改组，通过了一项整顿经济的计划。

1960年11月4日，一项名为“经济发展、社会进步和财政振兴法”的一揽子计划被提交给议会。该法案提出来一些损害劳动者利益的措施：压缩失业保险、加强病残保险方面的医疗审查、降低省市两级公务人员招聘条件和待遇水平、推迟公共服务部门工作人员的退休时间、增加间接税收。这些措施导致了全国范围内的“世纪大罢工”：1960年冬天，近乎起义的罢工活动持续了

5个星期，以抵制这个被形容为“灾难性”的法案。安特卫普港口关闭，火车和电车停运，大型商场停业，列日的居尔曼火车站乱成一团。有4人在抗议活动中遇害，此外还有人受伤，其中也有警察。工会领袖、比利时抵抗运动成员、瓦隆区社会活动家安德烈·勒纳尔（André Renard），作为罢工者的领袖，起到了决定性的作用。

最后，“从组织动员情况来看，1960年冬季大罢工取得了胜利。但从罢工试图达成的目标来看，它是比较失败的，因为这项政府计划最终还是投票通过了。①”但至少，这个重要的社会运动开启了延续至今的各种论战，涉及工会活动战略、联邦制度、替代紧缩方案的其他选择等多个领域。

许多比利时共产党党员都参加了示威活动。我关闭了书店，和同事们一起参加了这次抗议活动，它也是战后最重要的抗议活动之一。

1960年还发生了另一件重大事件——刚果独立的准备工作，我也间接地参与到其中。比利时和刚果以圆桌会议的形式进行了两轮会谈，分别于1月20日至2月20日和4月26日至5月16日之间举行。此事利害攸关。1959年1月在利奥波德维尔（即后来的金沙萨）爆发的人民起义，在刚果的比利时侨民的不安全感，以及在全世界范围内蔓延、特别是在中国和1955年4月万隆会议的支持下的反殖民主义愿望，都促使比利时必须赶紧确定这个未来国家的独立日期。历经波折后，独立日期最终被确定在1960年

① 比利时总工会（FGTB）秘书长蒂埃里·博德松，《晚报》，2010年12月14日。

6 月 30 日。歌曲《独立恰恰》（Indépendance Cha Cha）就是在这一背景下创作出来的，它至今仍被视作一首自由的赞歌。

刚果的政治代表和地方首领，以及比利时社会经济团体的领袖参加了这些会谈。那时，书店的雪铁龙汽车由我管理。帕特里斯·卢蒙巴（Patrice Lumumba）在布鲁塞尔期间，我便开车护送他去比利时各报社和外国新闻社分发媒体公告，宣传刚果独立主义者的要求。帕特里斯·卢蒙巴是刚果政界最活跃、最有威信的人物，我很荣幸能成为他的司机。

共产主义青年团的全国办公室非常青睐卢蒙巴，并责备共产党政治局对待卢蒙巴的态度不够热情。1960 年 6 月 30 日，卢蒙巴在利奥波德维尔举行的独立典礼上的即席讲话至今仍深深印在我的脑海里。我想借此机会分享该讲话的几个片段：

“为赢得独立而奋勇斗争的刚果人民，我代表刚果政府向你们致敬。（……）同时也向你们——我的朋友——表示感谢，谢谢你们为刚果独立做出的不懈努力。曾几何时，我们从早到晚地忍受嘲笑、辱骂和责打，只因为我们是黑人。（……）曾几何时，白人和黑人在法律面前享有完全不同的待遇。（……）谁能忘记，曾几何时，面对一个黑人时不需要使用敬称，并不是因为他是朋友，而是因为敬称是白人的专利。（……）谁能忘记那些夺去我们兄弟生命的枪决，谁能忘记那些关押过为自由而战的同志们的黑牢，只因为他们不愿屈从于一个压迫人、剥削人的不公正的制度。”他在结尾时说道：“兄弟们，这些都是我们所承受过的痛苦，但我们想告诉你们的是，所有这一切从此将不复存在。”但后来的历史证明他在这一点上并没有做出正确的预言。

卢蒙巴不可避免地成为了一些人的眼中钉。在美国的指使和比利时安全部门的默许下，卢蒙巴在加丹加（即现在的沙巴）被捕。1961年1月17日，在遭受了监禁、酷刑后的卢蒙巴被杀害。其遗体在肢解后，被用浓酸腐蚀溶解。他的战友奥基托（Okito）和莫波洛（M'Polo）也同时遇害。这一罪行以“梭鱼行动”为名被历史记录在案。五十多年后的今天，人们提出要对卢蒙巴被杀一案进行重新调查。

国际书店领导层内部的气氛变得越来越沉闷。我经常会受到一些压力，不得不销毁来自中国的批评苏联共产党修正主义的政治小册子。更何况毛泽东和赫鲁晓夫1958年在北京的会面没有使两国的紧张关系得以缓和，中苏间的政治分歧越来越严重。在经济和军事领域，中国拒绝成为苏联的附庸。毛泽东早在1945年就曾写道：“我们的方针要放在什么基点上？放在自己力量的基点上，叫做自力更生。[1]”1960年，赫鲁晓夫企图利用中国在经济上遇到的各种困难（灾害性的气候条件、干旱、台风、饥荒……）突破中国领导人的抵抗，但他没能成功。

1961年7月，赫鲁晓夫突然单方面终止了中苏间签署的各项协议，并召回了所有在华的苏联技术人员——总计13000人。这些技术人员执行了撤回命令，同时带走了正在制造和建设中的各种机器设备图纸。这对中国经济造成了沉重打击，中国花了很长时间才得以恢复。我曾参观过一家生产马口铁的工厂，这家工厂就

① 《毛主席语录》，北京，外文出版社，1972年。

因为苏联人带走了大量机器，而不得不停产。

这一切都加剧了比利时共产主义青年团和共产党内部分歧的产生。

1959年8月，我出席了在维也纳举行的第一届在非社会主义国家组织的国际青年联欢节。在此之前，我甚至帮忙解决了人数庞大的比利时代表团所遇到的经费问题。从维也纳回来之后，我意识到这将是我最后一次参加类似的活动了。

我始终是由让·封丹律师所领导的圣若斯党支部的成员，但是“亲华分子”已经开始遭到排斥，甚至被指责为叛徒。在党内、书店里，甚至在那些自称是我的朋友的人中，我感到了孤立和失落，只因为我认为中国人有权有自己的想法、有权不同意苏联共产党的政策，他们也有理由自力更生。

很快，1963年6月，背着我任命的书店新经理雷米·吉利（Remy Gillis）向我下发了解聘通知。他按法定最低薪酬标准，给我支付了6个月的工资，禁止我再进入书店。我至今没想明白的是，为什么我会被党领导下的书店开除，却没有被开除党籍？抵抗运动中的伟大战士雅克·格里巴（Jacques Grippa）所领导的亲华派也没有被驱除出党。这种情形的虚伪之处在于，如果我们不同意党强加的路线，可以自行退出。在一次次的会议中，我们听了大量的说教，上面给我们解释苏联政策的来龙去脉。我们甚至接到命令必须服从苏联提出的路线。然而，我们既没有被说服也没有被摧毁。

由于坚持自己的立场，我算是“自行”脱党。我再一次孤身一人，丢掉了工作和经济来源，在过去的一些同志们眼中带上了被诅咒的标签。坦白说，1963年，所有这些动荡和混乱让我过得极为艰难。亲华派决定组建一个新的政党：比利时马克思列宁主义共产党。其主要负责人是雅克·格里巴；成员有勒内·兰多尔夫（René Raindorf），格扎维埃·勒莱孔，赫兹·约斯巴（Hertz Jospa），伊冯娜·约斯巴（Yvonne Jospa）和我。我们得到了很多重要人物的帮助，如埃米尔·卡弗奈勒（Emile Cavenaill），阿拉尔男爵，弗雷德里克·达尔曼，马尔特·于斯曼斯（Marthe Huysmans）。

在这里，我不想对中国和苏联关系破裂的后果进行分析。相关领域的研究者、左派和右派的专家、汉学家、亲历者、哲学家、政治学家、马克思主义者、列宁主义者、共产主义者、托洛斯基分子、境遇主义者、论战家等等，都著有大量具有很高学术价值的著作来解释毛泽东的文章、讲话、指示和行动。在我看来，一个政策所带来的事实性后果远比空洞的争论更重要。中苏决裂发生在1963年。中国共产党发表了一篇纲领性文件《二十五条》（即《关于国际共产主义运动总路线的建议》——译者注），号召“健全的马克思列宁主义力量”团结在这个纲领周围。

事实上，必须把真正的毛泽东理论（我讨厌“毛主义”这个词，它常常被无政府主义、甚至恐怖主义加以歪曲滥用）与西方国家眼中的毛泽东理论区分开来。在我看来，从根本上来说，毛泽东希望把马克思主义与各国的实际相结合，并要考虑到自己国家的历史和阶级构成，因此，他反对在监管下实施马克思主义。

这正是苏联共产党与其分歧之所在，也正是毛泽东理论的独特性之所在。

就在这个动荡的局势下，我接到了来自荷兰的一个电话："中国代办想见您一面，您愿意吗？"我高兴地答应了。不久后，3个中国人来到我家，其中还有一位身着白衣的女士。

寒暄之后，他们询问起我的近况，我很快意识到他们对我的情况了如指掌：我的家庭情况，以及我在国际书店和比利时共产党内部从事过的政治斗争。我告诉他们自己被粗暴地解雇了。他们问我下一步的打算。我无言以对，不知道该对他们说什么。

他们对于我的沉默所给出的回答给予了我极大的安慰。"正如您所知，我们的国家正处于发展中，但遇到了很多困难。资本主义国家拒绝对我们予以承认。他们不仅对我们实施经济封锁，让我们得不到对于发展至关重要的产品和物资，此外，他们还在我们的周围包括日本、南朝鲜、越南、老挝、土耳其等国设立军事基地，威胁我们的安全。苏联也对我们的社会和党的路线施加了难以接受的压力，甚至在边境上寻衅滋事①。事实上，我们需要一切，却没有什么关系能帮助我们。作为中国的朋友，您为什么不来负责我们两国间的贸易往来呢？"

这真是喜从天降！我至今犹如梦中。

的确，我有商贸领域的经验，而我的妻子凭借其在特拉科萨公司工作的经验，对国际贸易也很熟悉。但我无法马上做出答复。

① 1969年，中苏两国军队甚至在乌苏里江上发生了严重的武装冲突。

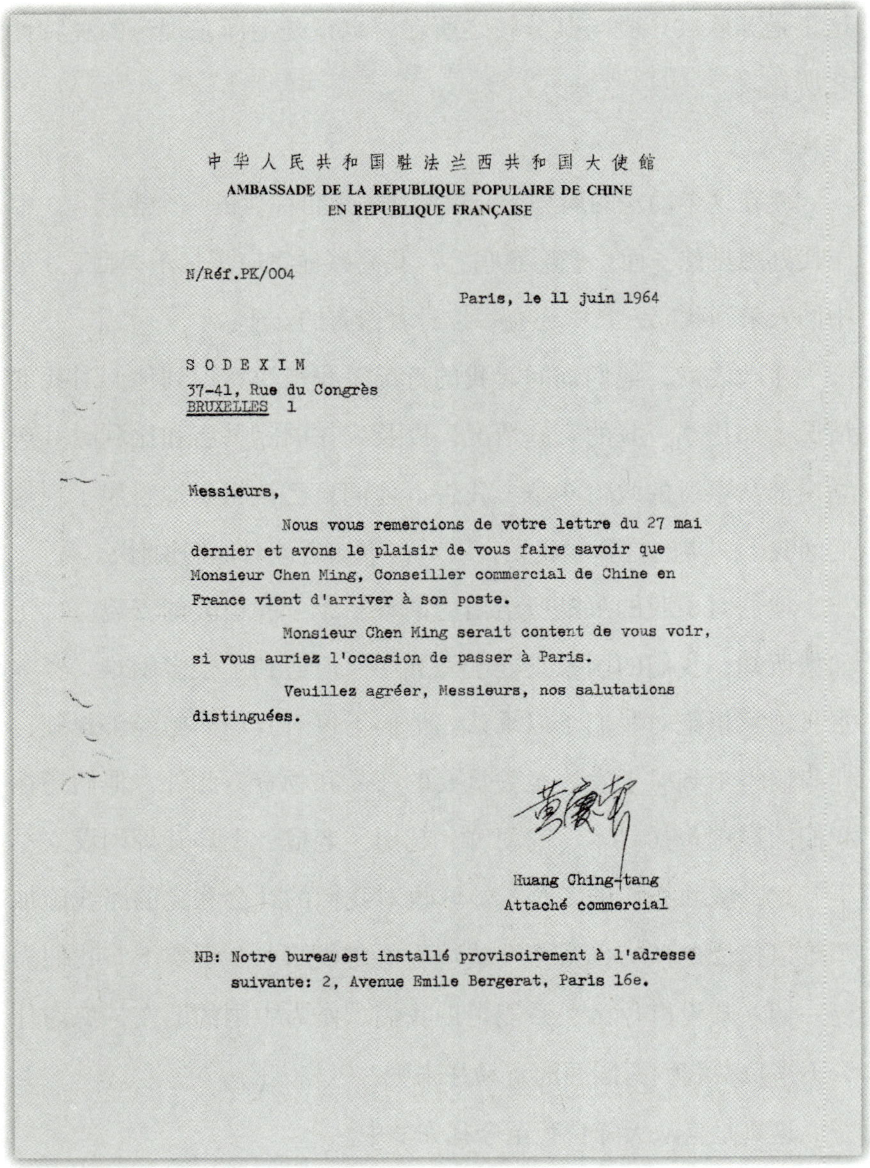

中华人民共和国驻法兰西共和国大使館

AMBASSADE DE LA REPUBLIQUE POPULAIRE DE CHINE
EN REPUBLIQUE FRANÇAISE

N/Réf.PK/004

Paris, le 11 juin 1964

S O D E X I M
37-41, Rue du Congrès
BRUXELLES 1

Messieurs,

Nous vous remercions de votre lettre du 27 mai dernier et avons le plaisir de vous faire savoir que Monsieur Chen Ming, Conseiller commercial de Chine en France vient d'arriver à son poste.

Monsieur Chen Ming serait content de vous voir, si vous auriez l'occasion de passer à Paris.

Veuillez agréer, Messieurs, nos salutations distinguées.

Huang Ching-tang
Attaché commercial

NB: Notre bureau est installé provisoirement à l'adresse suivante: 2, Avenue Emile Bergerat, Paris 16e.

1964 年 6 月 11 日，中国驻法国大使馆商务专员黄庆棠邀请我赴巴黎会见陈明。后者是中法建交后驻法国大使馆的首任商务参赞。

经过了一个不眠之夜和长时间的讨论之后，我们决定在比利时成立一个专门负责比利时和中国之间经贸往来的贸易公司。一切进展顺利。1963 年 9 月底，我第二次应邀前往中国，先后受到对外贸易部部长和相关部门主要负责人陈明的接见，我和后者就公司的成立进行了深入讨论。

除此之外，中国的国际书店给予我英雄般的接待，因为我曾反对终止中国政治小册子的发行。

中共中央对外联络部也接见了我。总之，所有这一切都让我受宠若惊。我内心深处很清楚，摆在我面前的是一个艰巨的任务：我真能满足这个世界上人口最多的国家的需要吗？我配得上这么多的荣誉吗？人的一生是多么短暂啊！

在华期间，我住在北京饭店。这个位于北京城中心、享有盛名的饭店于 1917 年由法国人在 1902 年修建的一个建筑原址上建造起来。据近代旅游业创始人托马斯·库克（Thomas Cook）的广告介绍，该饭店当年拥有两百间配有浴室的客房，还有一个茶室：每天晚上，人们在里面跳舞至深夜；茶室楼上是一个花园，从那里可以一眼望见紫禁城和使馆区。简直是殖民者完美的梦幻之地！而当我住在那里的时候，饭店接待的主要是外国友人。尽管当时的中国正遭受着各种严重的困难（洪灾、造成灾难性饥荒的旱灾），中国人还是为我们提供了他们所能提供的最好的东西，因为根据他们古老的哲学传统和新时代道德，重要的是不能丢了面子。当时我住在那里，独自面对模糊的未来。

我还受邀参加了 9 月 30 日为庆祝中华人民共和国成立十四周年而举办的晚宴活动。宴会是在人民大会堂的一个能容纳 1 万人的大厅里举行的。我激动万分。不久前，我还是个没有父亲、没有工作、没有经济来源、为家人的幸福日夜悬心、满脑子各种不确定的人，曾经为建设一个更好、更公平的世界而共同战斗过的同志也抛弃了我。现在，我突然置身于当今时代的众多伟人之中，他们要为占世界人口四分之一的人民的命运而负责。这一切怎能不让我感到头晕目眩？

那天晚上，我甚至与毛泽东握了手。这是一个让西方世界震撼的传奇人物，他领导中国人民抵抗日本侵略者，敢于挑战苏联的无上权威，带领中国顽强地与贫困落后做斗争。但在不久的将来，他也将做出致使中国走到深渊边缘、导致很多人失去生命的严重决定——“大跃进”运动（1958 年）和“文化大革命”（1966-1976 年）。

人不能只靠乌托邦活着，无论它有多么诱人。几个世纪以来，大多数中国人，特别是农民一直生活在极端贫困中。关于这一点，我将在庆祝活动结束后的第二天，跟邀请我来的中国人好好谈一谈。

我的房间斜对着天安门广场。抵达中国后的第一个晚上，我在阳台上看着数以万计准备参加 10 月 1 日游行庆典的人们陆续到来。吵杂的人声之外，还有雷鸣般的音乐声，我根本无法入眠。

最初几次业务会谈的内容大致如下：

中方：“我们现在的情况很困难，什么都需要。主要是在化工、钢铁和冶金领域。您能给我们提供些什么呢？可以提供机器设备吗？”

我大吃一惊，但我知道比利时的工业完全可以满足这些需要。

中方承诺会将其需求告知我们，以便于我们进行报价。他们会尽一切可能帮助我们；同时他们也明确表示，只有当我们开出的条件与其他竞争对手完全一致时，他们才能把订单交给我们。而我的公司在这方面具有极大的优势。

我很高兴。我被推动着开始了一次历险：它将成为我存在的目的，并对我的政治生活、社会生活、家庭生活和经济生活产生一连串的影响。第二天，我又应邀与贸易公司的代表和中国国际贸易促进委员会[①]（当时的主任是王耀庭）进行会谈。

于是，我带着一个具体的任务回到了比利时——提供 5 千吨由苏威（Solvay）公司生产、符合中方要求的烧碱。我赶紧按法律程序把公司办了起来，将其命名为苏德新有限责任公司。由于公司需要最少两名创始人，哥哥同意我使用他的名字。1963 年 10 月 31 日，公司章程在《比利时公报》（*Moniteur belge*）上发布。

接下来，我去拜访了苏威公司。他们彬彬有礼地接待了我，但对我的订单持怀疑态度，因为当时他们跟新中国还没有过直接接触。我感觉到，尽管他们感兴趣，却并没把我的提议太当回事。我向他们说明了所需产品的规格和其他要求。他们问我，中国人会用什么方式付款。我回答说，中国银行会在货物装船后开立信

---

① 当时，中国进出口贸易具体由十来个公司操作，它们在各省都有分支，隶属国家对外贸易部。中国国际贸易促进委员会的主要任务是与尚未跟中国建交的国家发展经贸关系、推动贸易往来。这些国家中也包括比利时。所以，王耀庭催促我扩展自己在比利时商贸领域里的人脉关系。在进行这项工作的同时，我还在比中友协内部设立了一个经贸委员会。

用证。这下他们认真起来。对双方来说，一切都进展得很顺利：5千吨烧碱发送之后，即完成了付款。

就这样我做成了第一笔业务，我为此感到骄傲。更重要的是，它在政治上的意义让我狂喜：我为一个致力于满足广大人民需要、而非为了少数人的利益努力的国家的建设作出了具体的贡献（尽管微乎其微）。这不正是我多年来所一直追求的吗？于公于私，这个事业都值得一做，我既不会成为满脑子幻想的商人，也不会成为厄运的预言家；更不与那些无用之人为伍，他们只会不停地揭露批评，却没有自己的见解。

1964年1月15日之前，我的办公地点就设在家中。妻子离开了特拉科萨公司，用她的能力和经验来帮助我。在某些业务方面，她比我更清楚。公司成立之后，另外一个重量级人物也加入进来，他就是格扎维埃·勒莱孔。他也是特拉科萨公司的负责人之一，也是我之前所提到过的亲华派中的一员。此外，他在比利时和中国都有一些人脉关系。他在公司里的头衔是“顾问”，具体的经营工作则由我来承担。

第一笔业务做成后，我们踌躇满志，并制定了很多计划，因为我们得到了中方的认可，也引起了比利时业界的好奇与兴趣。于是，我们在比利时国会大街租了一个办公场所，开始与比利时经济界建立联系，并告知他们中国需要发展工业的大量基础产品。对比利时企业来说，这有助于他们在经历了经济危机之后的复兴；对中国人来说，这是他们打破美国策划的孤立封锁局面的大好机会。这完全是一次双赢的合作。

我们所取得的成功既在意料之外也在意料之中。在几年的时间里，通过大量艰苦的游说工作，一大批大中小型企业都来找我们合作。它们有柯克里尔（Cockerill）公司，贝卡尔特（Bekaert）公司，苏威公司，优时比（UCB）公司，杨森制药（Janssen-Pharmaceutica）公司，必佳乐（Picanol）公司，爱克发·吉华（Agfa-Gevaert）公司，沙勒罗瓦电子制造厂。我们成为比利时对中国进出口方面最重要的贸易公司。因此，我们又换了新办公室，为此我向比利时信贷银行贷款50万法郎——我很快就还清了这笔贷款。

需要说明的是，在那个年代人们只能通过电话或电报进行联系。

10. 经贸访华团

今天的中国：夹在几千年历史和未来之间的 15 亿人口

夏尔·罗治（Charles Roger），曾担任比中友协经贸委员会主席、中央经济理事会秘书长，后者致力于协调国家经济和社会活动。

比利时外贸局（OBCE：office belge du commerce extérieur）是促进比利时与全世界经贸合作的半官方机构。维利·蒙菲斯（Willy Monfils）是该机构的高级官员，我们之间一直保持着良好的关系。

为了调研梵蒂冈与中华人民共和国的关系，1963 年，比利时基督教社会党（PSC）议员雷蒙·舍文（Raymond Scheyven）来到中国，受到了周恩来的接见。回国后，他不禁感慨："从那以后，参与中国的发展是我们唯一的政策。[①]"同年，我们向中国国际贸易促进委员会（CCPIT）建议组织比利时经济工业领域的代表们来

---

① 1963 年的记者会。

华参观。中方高兴地接受了我们的建议，而我们则负责邀请相关的机构、企业和个人。此次参观可以使他们切身感受到中国经济的发展、发现这个巨大市场短期和长久的潜力，并且从中寻找他们的获利点。

经中国贸促会同意，此次代表团人数控制在26人以内。我们希望维利·蒙菲斯（Willy Monfils）参与其中，因为我们的最终目标是促使比中两国建立外交关系。有一位像他这样的半官方机构的高级官员能够直接看到新中国的发展，对于实现这一目标意义重大。

比利时政府不太情愿地同意了维利·蒙菲斯的出访。敌视新中国的某些政府机构向夏尔·罗治施加了压力，试图阻止他来中国。幸运的是他最终还是成行了。而对于中国方面，我不得不反复向贸促会解释，在比利时正式承认中华人民共和国前，政府官员参加代表团至关重要。为了达成目的，我多次去中国驻海牙代办处。问题总算有了解决办法：维利·蒙菲斯将以观察员的身份访问中国……

经过长期的解释工作，代表团① 终于成立了。成员包括比利时信贷银行（Kredietbank），布鲁菲纳（Brufina，布鲁塞尔工业金融公司）和科菲南（Cofinindus，金融与工业公司）等4家银行，科克里尔机械工业公司（Cockerill），莎城电气公司（les ACEC），爱克发·吉华集团（Agfa-Gevaert），贝卡尔特集团（Bekaert），

① 知名人物中有：弗雷德里克·达尔曼（Frédéric Dahlmann），亚瑟·德拉兰（Arthur Dralans），皮耶·弗朗岑（Piet Frantzen），贡斯丹·赫尔森（Constant Helssen），维利·蒙菲斯（Willy Monfils），格扎维埃·勒莱孔（Xavier Relecom），马尔谢尔·勒纳尔（Marchel Renard），夏尔·罗治（Charles Roger），雅克·吕洛（Jacques Rulot）。我个人是以专家身份参团的。

布尔威尔夫造船厂（Boel），凤凰工业（Phenix Works），联合化工集团（UCB），沃森集团（Wanson），当然还有苏德新（Sodexim）等23家大型工业贸易企业，另有来自布鲁塞尔、让布卢和安特卫普的4位经济学家。中国驻荷兰代办在活页上签发了签证。直到1971年两国建立外交关系，中国一直使用这种签证形式。

1964年3月，代表团出发。此时正值中苏关系紧张，而我们又是在莫斯科转机，因此成了苏联海关的牺牲品，他们严格检查我们的行李、盘问团员的出访目的等等。总之，并非一帆风顺。

3月25日，代表团到达北京，受到了中国贸促会副主任的接待。至于代表团的活动细节和接待他们的人物，我就不再赘述了。从北京经武汉、上海、广州直到香港，代表团穿行五千多公里。更多细节可以参见比中友协出版的《比利时经贸代表团1964年3–4月出访中华人民共和国的报告》。以下几点完全可以总结代表团的感受：

“每个民族都有权力掌握自己的命运、选择适合自己的制度。因此，代表团无权评判中国的政治。团员们对中国的体制有了一定的了解……由于比利时和中华人民共和国没有建立外交关系，所以代表团纯粹是私人性质的……”

“借用一句中国的俗语‘百闻不如一见’，代表团有幸看到新中国为了保障和提高人民生活水平、让人民接受相应的教育、加快工业现代化发展所做出的努力……从长远来看，中国政府反复强调，建立外交关系有利于增强两国之间的交流。”

代表团的访问取得了圆满成功。实际上，这是1949年之后比利时派出的仅次于1955年青年代表团的最重要的代表团。虽然认识很肤浅，但代表团看到了中国所取得的进步、目前所存在的差距和困难。来自政治、哲学以及其他专业领域的团员们也结识了中国各个社会阶层的人物，他们还介绍了比利时工业的潜力、签订了一些合同、探讨了一些具体的贸易项目。他们清楚地意识到，建立外交关系决定着两国关系的未来。

此次访问的成功令我欣喜若狂，因为是我在中国朋友和比利时当局那里提议组织这次访问的。

虽然与中国之间的联络占用了我很多时间，但我的活动却不仅仅限于此。此时，越南战争正在激烈进行之中。1858年至1885年期间，越南曾被法国占领。对这个民族的苦难我难以无动于衷。

让我们简单地回顾一下事情的发展。1930年，越南共产党成立，并于1941年改名为越盟（Viêt-minh）。1945年，越盟建立了越南民主共和国。法国试图以武力摧毁。1954年，法国在奠边府战役中失败，宣告印度支那战争结束，导致南北两个越南的形成。由于南越总统拒不进行建国之初决定的选举，他的反对派在1960年12月成立了名为越南南方民族解放阵线（FNI）的反对组织。

冷战期间，美国支持南越，而苏联和中国则支持北越。

1962年11月2日，美国总统约翰·肯尼迪决定撤回在南越的美国部队和军事顾问。1963年12月22日，肯尼迪总统在达拉斯遇刺。他的继任者约翰逊总统取消了上述决定，并向越南增兵。1964年8月7日，美国国会授予约翰逊总统“采取一切必要措施战胜共产主义”的权力。

美国在北越领土上的军事行动全面展开。大规模的轰炸和化学武器的使用让战争成了一场名副其实的大屠杀。越南的独立斗争陷入了旷日持久的局面，并导致了惨重的损失。

1976 年 7 月 2 日，越南社会主义共和国建立。

我从 1964 年起开始关注越南局势，并与巴黎的越南使团进行接触。同年 4 月，我来到河内，受到越南外贸负责人的接见。实际上是越南的河内商会接待了我，该组织的作用相当于中国的贸促会。不久，我了解到在北越有两股政治力量并存。简单地说，就是亲苏派和亲华派。但是在战争期间，他们之间并没有针锋相对。越南人物资匮乏，他们到处寻找市场推销煤炭。越南生产的煤炭质量在世界上是数一数二的[①]，可主要用于煤炉。

我和洛克伦的一家名为马埃斯（Maes）的煤炭进口公司关系不错，该公司在根特港拥有洗煤设备。我就用 1.5 万吨轮船进口越南的煤炭，马埃斯公司再卖给零售商。当时，比利时很多家庭，尤其是农村家庭，取暖仍然依赖煤炭。

北越需要更多的东西。在美国的狂轰滥炸下，大批受伤的民众和军人急需医疗设备。但是，根据多边出口管制协调委员会（COCOM）[②] 的规定，没有人向他们销售此类设备。我不顾该委员会的规定，部分地满足了他们的需求，向他们销售西欧生产

① 即使用刀雕刻，煤炭也不会碎裂。我的办公室里还放着两个用这种煤炭雕刻的小狮子，是不错的纪念品。

② 多边出口管制协调委员会，1949 年成立于巴黎，包括北约的 17 个成员国，以及日本、澳大利亚。冷战期间，该委员会的宗旨是对销往苏联和社会主义阵营的技术和设备实施管控。

的急需的医疗设备。

1964 年，我同两三个外国人住在河内市中心的一家旅馆里。由于西方国家的狂轰滥炸，我不止一次不得不在半夜里逃到附近的防空洞里去。悲惨的景象让我想起了第二次世界大战。为了使民众得到起码的安全保障，河内到处都是多人或单人的防空洞。单人的防空洞通常是在水泥管道上加盖一个水泥板，只容一人躲避。“每天的报纸字里行间都充满着人性的邪恶[1]。”这句话在河内可说是千真万确。这就是那时的西方列强所奉送的。

我在国际书店任职的时候，就与越南 Xunasaba 出版社保持联系。他们邀请我参观了不少关于美军在越南南北方大屠杀的图片和资料展览。我还拿到一些宣传小册子，由此了解到越南人眼中的南北冲突。

回国后，我在布鲁塞尔成立了一个宣传越南的资料中心。为了展示越南的状况，我的员工莫妮卡·贝努（Monique Benout）做了大量工作。在我们的努力下，比利时人非常同情饱受战争之苦的越南人民。70 年代，我曾帮助比利时法语电台电视台（RTBF）的记者热拉尔·瓦莱（Gérard Valet）在北越拍摄了纪录片“花与枪”。

直至 1975 年美国在越战中失败，我和莫妮卡·贝努在比利时和国外组织了多次介绍会，放映越南和国外的电影（包括法国导演罗歇·皮克 Roger Pic 的作品），控诉美军轰炸的暴行。我们与

① 夏尔·波德莱尔（Charles Baudelaire），《1859-1867 年的思考》（Réflexions annotées de 1859 à 1867），发表于《法国文学》杂志（Les lettres françaises），巴黎。

同情越南的记者和其他人士一直保持着联系，如让·拉库蒂尔（Jean Lacouture）。

1966 年，在结束了中国的商务旅行后，我想再赴河内。但是美军的轰炸非常密集，一时难以成行。我不得不在通往河内的必经之路南宁等了整整 5 天才最终成行。跟我同行的还有一位瑞典大使馆的官员。

1964 年至 1977 年之间，我总共去过 10 次越南。

11. 中国的文化大革命，中情局的试探

不完美的解决方案强过虚幻的理想形式。

首先，让我们回顾一下历史。

1958 年，在毛泽东的领导下，中国发起了“大跃进”运动。目标是赶超英国。为了达到这个目的，中国必须调整生产。

农村率先实行人民公社制度：原来的合作社合并成一个个涵盖农业、工业、行政、教育、社会、医疗等等的生产单位，按照“各尽所能，按需分配”的原则进行平均分配。起初，人民情绪高涨。不过，由于缺乏经验和指导错误很快导致了运动的失败。60 年代中国遭遇自然灾害（南方洪灾和北方旱灾），中苏关系恶化，苏联撤回了在中国的数千名专家，灾难愈加严重。

我们只讲小炼钢炉这一个例子：

中国急需钢铁，必须不惜一切代价炼钢。政府下令在农村建造土法小炼钢炉，熔化一切金属器具。这带来了灾难性的后果，

因为情绪高涨的农民把他们的锅和农具都扔进了小炼钢炉。生产出来的钢铁质量低下，完全不能使用。

相反，“大跃进”运动在绿化、建造大坝、小型灌溉工程、河岸加固工程等领域的成绩有目共睹。

农业生产接近崩溃的边缘。与苏联断绝经济关系后，中国处于孤立无援的境地。一场前所未有的大饥荒席卷了整个中国，其严重性有官方数字可以证明。

然而，这些灾难并没有完全阻止中国与世界交流的步伐。

1961 年，应中国妇联的邀请，比利时伊丽莎白王太后访华，受到了毛泽东主席、周恩来总理的接见，并会见了文艺和科学界人士，其中还包括末代皇帝溥仪。此行虽然受到了美国政府的公然反对以及比利时外交部的不满，但阿拉尔男爵的支持给了王太后很大的鼓励。王太后的访问写下了比中关系史上重要的一页。她在北京给我们发了一封电报：“来到这个国家，我才明白同中国建立外交关系是多么重要[①]。”王太后的这一愿望直到几年后才得以真正实现。

1966 年，经比利时外贸局维利·蒙菲斯的同意，经贸委员会在北京举办了一次工业展览。当时比利时与中华人民共和国没有外交关系，而是与台湾当局保持着官方关系。以这样的身份举办展览，比利时和日本是特例。要说服比利时的某些政府机构，实

---

① 发给比中友协主席罗贝尔·哈麦德（Robert Hamaide）的电报。

在是需要坚持不懈的努力。

当时的比利时有两种政治倾向：开放派支持承认中国，与之建交并断绝和台湾当局的一切关系；另外一派则盲目贯彻美国的政策，孤立中国。

此次的工业展览在北京农展馆举办。19 家比利时企业参展，苏德新为众多比利时公司做代理。展览吸引了 4 万多名专家和技术人员。我的作用则是促进我们的进出口贸易。

与此同时，中国的国际书店继续委托我负责图书出口业务。在他们的订单的基础上，我还负责向中国出口比利时和美苏出版的科学书籍，因为中国与后两者的关系不佳。这项业务一直持续到 1989 年。期间，中国吹起了一股危险之风：无产阶级文化大革命。

中国人对毛泽东的崇拜达到顶峰。我逐渐意识到“文革”可能会愈演愈烈，但是这一切并不能抵消我对毛泽东丰功伟绩的认可。

以下是几个例子：

1963 年至 1975 年间，我每年来中国两次，每次住 6–8 周。每次和中国人见面时，我都要先读一遍“红宝书”里的语录。我是唯物主义者而不是信徒，这简直太可笑了。考虑到当时的国情和我的使命，我不得不忍着读下去。其实在场的很多人跟我的想法一样，如果不这么做就等于造反。

在我住的旅馆前面，每天早上 8 点，所有工作人员笔直地站立在伟大领袖的画像前，一字不漏地朗读一段毛主席语录。这个场面让我想起了教堂里的信徒们，深信不疑是愚蠢的开始……

数十万来自农村的年轻人、成群结队的工人市民从旅馆门前经过，直奔天安门。他们手拿“红宝书”，高喊口号。他们中的很多人是第一次见到欧洲人。“文革”期间工厂停工，直接导致了中国发展的滞后。

我曾提出想见我的某位中国朋友，他们经常以沉默来回答我的问题。沉默！后来我才知道他们中有些人被送去了五七干校——一个共产党干部接受再教育的场所。我想到了我的朋友吴学谦。

我有时和贸促会的同仁们谈起这件事，他们几乎不回答我任何问题，因为这会让他们感到不安。我认为他们跟我的观点一致，只是不能直言罢了。我可以回比利时去，而他们则要继续留在中国！后来我和中共中央对外联络部谈到这些事的时候也是如此。

从我第一次来中国至今，我都是坦率地告诉中国朋友我对他们国情的看法。只要是有建设性的意见，哪怕是批评，我也直言不讳。从来没有人会因此对我有偏见。

当时中国的情况，个人办事很难，专业领域的交流又很复杂。想要跟什么人面谈需要等好多天。领导干部们都在忙着作批评和自我批评。

需要指出的是，自从苏德新成立，我就不再是活跃的共产主义分子。米歇尔·罗卡尔（Michel Rocard）说过：“一个坚定的左派分子同时也可以是个高效的老板[①]。”

当然，这一切已成为过去。对这场所谓的革命深信不疑的中国人和外国人，及其受害者或激进分子们都应该好好地总结一下。

---

① 《解放报》采访，2012 年。

△ 1955 年 5 月 1 日，我与比利时青年运动领袖代表团的其他成员一起，参加了在天安门广场举行的五一劳动节庆祝游行。

△ 2007 年，我拜访了我的老朋友、1955 年给我当过翻译的王岭新（音译）和他的家人。

△ 1956 年，我在保加利亚索非亚世界民主青年联合会的主席台上作报告。

△ 1956 年，我作为国际书店经理接待了苏联著名小提琴家大卫·奥伊斯特拉赫（David O·strakh）。

△ 1957 年，我在莫斯科联欢节期间与来自世界各地的年轻人在一起。

△ 1961 年，布鲁塞尔美术馆。刚从中国出访归来的比利时伊丽莎白王太后在卡米耶·于斯曼斯等人的陪同下，受到了比中友协主席罗贝尔·阿迈德的接待。

△ 1965 年，在河内，我与 Xunasaba 出版社的朋友们。

△ 1965 年，在河内，美国轰炸机刚刚轰炸过的废墟。

△ 1965 年，在河内，为躲避美国飞机的轰炸而修筑的单人掩体。

△ 1970 年的全家福：我和妻子多迪、儿子埃里克、女儿达尼埃尔。

▷ 1972 年，我迎接苗向涛（音译）代办。他是中比 1971 年建交之后第一位正式踏上比利时领土的中国外交官。

▷ 1973 年，比中友协下属的比中经贸委员会派出了一个代表团访问中国。代表团团长是中央经济委员会秘书长夏尔·罗治教授。

▷ 1974 年，我陪同中国驻比利时首任大使李连璧参观列日的柯克里尔公司。

◁ 1975 年，我在北京的苏德新展台接待了比利时总理莱奥·廷德曼斯（Léo Tindemans）和比利时外贸局总监维利·蒙菲斯（Willy Monfils）。

◁ 1975 年，在北京举行的比利时工业展览会上，我在苏德新展台接待了时任比利时外贸局局长的阿尔贝王子，以及中国对外贸易部部长李强。

◁ 1985 年，我和沙勒罗瓦电子制造厂总经理让－路易·达尔克（Jean-Louis Dalcq）在北京受到中国副总理谷牧的接见。

△ 1977 年，格扎维埃・勒莱孔（Xavier Relecom）和夏尔・罗治（Charles Roger）共同向 1976 年逝世的毛泽东主席敬献花圈。

△ 1978 年，我与贸促会主任王耀庭。

1966年至1976年间，红卫兵甚至使用了枪支。在“炮打司令部”的荒谬口号下，红卫兵向领导干部、专家、教师、艺术家公然发起挑衅，有些人被残酷折磨，还有些人被杀害。以“破四旧”为名，他们破坏艺术品；为了加快石油生产，高喊“工业学大庆”；为了增加产量，农业“学大寨”；艺术创作必须遵循“八大样板戏”；教育界“牢记毛主席语录”。这是一个头脑发热的时代，集体或个人悲剧数不胜数。

1971年，林彪密谋策划军事政变，最后以悲惨的结局收场。是非功过让历史评说吧。我总是喜欢理性的思辨，而非无益的论争。

1971年10月25日，中华人民共和国恢复了在联合国安理会的合法席位，世界的力量平衡被打破。当天，比利时承认中华人民共和国为中国唯一合法政府，断绝与台湾的一切关系。比利时承认只有一个中国，台湾和西藏是中国不可分割的一部分。

从此以后，中国和安理会的其他四国（美、苏、英、法）同时享有否决权。

比中关系的发展也进入了一个全新的时代。

1976年，周恩来和毛泽东相继逝世，全中国陷入了巨大的悲痛之中。在国外，尤其是美国看来，征服中国的时机到了。然而，他们并不了解中国。

不过，中国此后还是经历了一些波折，主要是“四人帮”造成的。毛泽东的妻子江青认为自己理所当然要继承政权，于是集结了中央政治局常委张春桥、中央政治局委员姚文元和中共中央副主席王洪文，组成了“四人帮”。党内部分重要人士也参加了他们的反革命活动。

邓小平等人决定不惜一切代价，避免中国回到以前走向崩溃的混乱局面。“四人帮”的阴谋彻底破产了。

1976年10月6日，“四人帮”被逮捕；1977年7月，“四人帮”被开除党籍。“四人帮”的倒台标志着“文革”的彻底结束。

此时中国的经济状况非常糟糕：农业遭到破坏，成千上万的工厂停产，学校、旅游景点、宗教文化被破坏。总之，完全陷入混乱。

中国与比利时之间的往来困难重重。1963年底至1975年，比利时和中国之间的联络非常麻烦。我没有电话，也没有电传，与布鲁塞尔办公室之间的联络只能靠发电报。要么用加急电报，但价格昂贵；要么用普通电报，48小时后才能送达。使用爱克米商业电码能够节省字数。碰上紧急情况，我有时在晚上11点至12点之间去邮局，找个柜员一个单词一个单词地发电报，实在是太浪费时间了。1971年10月比中建交前，两国之间没有任何方便快捷的联系方式。两国的通信部门之间也没有任何往来。

另一方面，1979年中国实行改革开放前不允许外国公司设立办事处。我在旅馆房间布置了一个“移动办公室”。我把资料、打字机、信纸、书钉以及一切必不可少的办公用品装进一个箱子里。我总是带着这个箱子东奔西跑，实在是太不方便了！我就像是驮着厚重壳子的蜗牛。

幸运的是，不久以后这些问题都解决了。这并不神奇，我只是想说明中国人民战胜困难、分析和改正重大错误的能力。中国人证明了、并且一直在证实自己在政治、经济、社会、意识形态等各领域的实力。

在接下来的几年里，电话取代了过时的电报，后来又有了电传。旅馆和邮政局都可以使用穿孔纸带发电传。多么节省时间啊！中国正在进行着现代化，而且永远不会停止。

1975年之前，我以苏德新公司董事长的身份参加一年两度——4月15日至5月15日、10月15日至11月15日——的广州进出口商品交易会（简称“广交会”）。之后，我还要去其他城市，主要是北京和上海。

1972年6月，朋友向我推荐了一位合作伙伴——安德烈·克罗盖（André Croquet），后来他成了我的左右手。他在业务上很有能力，他也热爱中国，对中国朋友宽容大度。另外，他很快就能接手我在中国的部分业务，我也不用长期呆在中国了。

我雇用他刚刚几天，就决定派他去中国出差。我这么做实在是有点冒险，因为我们的合作刚刚开始，我还不清楚他是否适合这份工作。

苏德新是莎城电气公司的代理商。中国的买家想要进口莎城电气公司生产的两个大型发动机以及阿尔维（ALVI）公司生产的两个鼓风机。由于发动机连带鼓风机是一个整体设备，中国方面希望只签署一份合同。为了满足买家的需要，必须经过多方协商。安德烈负责这项交易。他带着一个莎城电气公司的技师，凭借自己的能力最终签署了合同。我真是雇用了一个有能力的人物。

可惜，2012年5月19日安德烈去世。这对于我是个巨大的打击。

就连走进他的办公室我都会异常难过。他不仅仅是我的合作伙伴，更是朋友。

广交会对于苏德新的进出口业务起着至关重要的作用。公司每年30%至50%的业绩都源自于广交会。由中国外经贸部主办、贸促会协办的广交会在一座9层的大楼里举办，分出口部和进口部，主要交易的产品有：冶金和化工类消费品、纺织品、玩具、轻工产品等等。实际上，这里汇聚了所有中国想要出口的产品和需要进口的产品。来自世界各地的商人每年在这里会集一堂。苏德新是一大批比利时企业的代理，在价格、装运日期、交货日期等方面有着举足轻重的作用。

工业设备的交易不是在广州，而是在北京进行，因为需要交换技术资料和相关领域技术员的长时间面谈。向中国出口高端设备，需先获得比利时经济部的出口许可。而这份出口许可实际上是由美国控制的多边出口管制协调委员会颁发的。

广交会上的气氛很特别，甚至有点超现实主义。那些声称是朋友的外国人都在互相提防。他们是朋友，同时也是竞争对手。这种氛围更能暴露出他们的想法。

这时的广州潮湿炎热，没有空调，一天要洗六次澡。周日是闭会日，大家一起打篮球、排球、乒乓球。其他时间，所有人都在互相窥探：谁和某公司面谈？谈了多久？谈过之后他是高兴还是沮丧？还有人会放出烟雾弹，友谊外衣下包裹的是模棱两可的微笑和言辞。

还好，我们有中国朋友。他们对一切了如指掌却并不明说。我发现我的中国朋友对我很是优待，他们虽然没有明确表示出来，但是我心里有数。他们对外国人一视同仁，但是对我还是格外照顾。在一次商谈中，他们认为我是“中国人民的老朋友”；同样的产品，他们总是给我更优惠的价格；他们常常会向我咨询西方国家尤其是欧洲的经济状况。我也从中获益良多，因为我不得不去阅读像《比利时晚报》、《自由比利时报》、《世界报》、《回声报》、《金融时报》这样的报纸，查找相关背景文章，听取专业报告，向我的同行和朋友们咨询…… 总之，这是一个拓展思维的好方法。在和中共中央对外联络部、外贸部和贸促会的人士见面时，这些想法也能派上用场。跳出了固有思想和口号的束缚，我们可以畅所欲言，有时甚至是激烈地争论：马克西主义、新思想、中国特色的经验、欧洲人的错误想法、中国文化等等。这些话题在“文革”期间是想都不敢想的。

我认识几乎所有进出口公司的负责人。当时，中国能够出口的商品种类十分有限：纺织品、矿产、化工产品、手工制品、五金制品和工具，但是一件高科技产品都没有。所有交易都使用英镑结算，直到 1970 年才逐渐使用比利时法郎和美元，但几乎从不使用人民币。

苏德新为比利时进口化工产品、矿产、铁合金，同时向中国出口化工冶金产品、设备、矿产等等。令我感到自豪的是，1967 年至 1968 年间正值文化大革命，我仍然能够从中国进口煤炭卖给欧洲（中国煤炭的质量不如越南）。交易非常成功，我们还因此成立了一个进口中国煤炭的西贝尔公司（Chibel），我也参与了公司的管理。公司最大的股东是古斯塔夫·麦斯（Gustave Maes），1995年至1996年间该公司解体。

我们的货运完全委托给菲纳斯航运代理公司（Furness Shipping）设在中国的海运办事处。该公司由荷兰和比利时双方建立，中方合作公司是中国远洋运输集团（COSCO），后者现在已经成为全世界最大的海运公司了。我们的出口交易全部按照离岸价结算，即价格中不包含运费、其他费用、相关税费及保险。

为了使读者了解某些交易的复杂性，需要举一个具体的例子：

当时，去往北京和广州的旅行漫长而疲惫。在法航开通直达中国的航线之前，我们要先到法兰克福，接着乘坐泛美航空的飞机，经过20个小时到香港。然后徒步穿过大英帝国和中华人民共和国之间的国境线，拖着行李跨越大桥，最终到达边境检查站。接着登上龟速行驶的火车去往广州，顺便欣赏沿途美丽的热带风光。

1964年之后，从布鲁塞尔到北京，可以到莫斯科转机，或乘坐巴基斯坦航空，中途停靠罗马、开罗、卡拉奇。现在，从欧洲到北京只需要9个小时。

当时，除了需要考虑如何与中国人做生意之外，我还经历了一次险情，足以证明美国某些领域的反华表现。

1967年的一天，我正在议会街的办公室里整理资料，突然接到了一个陌生人的电话："我是X先生。给您打电话是因为我知道您经常去中国经商。我很想和您见个面，聊聊这个国家。我是美国人，住在阿斯托利亚酒店。不知您是否方便碰个面？"我乐于结识一切对中国感兴趣的人，所以我立即答应了他，并前往酒店。我在二楼见到了一个穿西装的中年男子，风度翩翩、惹人喜爱。他用地道的法语开门见山地说："欢迎您！我就不拐弯抹角了。我是美国中情局的，我对您在中国的商务活动很感兴趣，希望您能给我们提供一些相关的信息。我想提醒您的是，我对您的过去、您从事的政治活动、您和中国的关系都了如指掌。如果您能接受我们的建议，我们会付给您相应的报酬。怎么样？"我虽然很震惊，但还是控制住情绪礼貌地回答了他："如您所知，我是中国的老朋友。我经常去中国，所以比一般人更了解这个国家。但是我拒绝跟敌视中国的人合作。谢谢您的接待，我们就说到这儿吧，再见。"他也十分绅士地跟我告别。现实比剧情更精彩。我相信，他也向其他人提出过此类建议。

1965年，我家里迎来了一件喜事：埃里克（Eric）出生了。他后来走上了音乐之路，他在布鲁塞尔皇家音乐学院求学，获得了很多奖项。后来他成了乐队指挥，组建了自己的名为"新音乐"（Nuove Musiche）的乐队，在很多国家演出。他的乐队每年在比利时演出30多场。他还受邀指挥中国的乐队，每年演出25场。后来他和江苏交响乐团签了两年的协议，担任音乐总监。

艾萨克·斯特恩（Issac Stern）说过："在音乐会上，你有时会忘记一切。忘记你在哪里，忘记你是谁。你来到另外一个世界，就像阳光照耀下的气泡。你远离自己，心醉神迷。"[①]

---

① 《快报》，2000年12月21日。

12. 比中交流日益增多

随着中国的强大，它对世界的影响也越来越大。

1971年以前，除与苏联和社会主义国家外，在欧洲的外交舞台上甚少见到中国的身影：海牙和伦敦各有一个代办处，伯尔尼有一个大使级代办处，仅此而已。由此可以看到，在美国的控制下，西方国家是何等地孤立中国，否认世界四分之一人口的存在。甚至有些人还等着社会主义的很快倒台和国民党[①]从台湾卷土重来。

至今还有人认为，世界是西方形成的，西方就是世界，任何人都无权干扰。一些国家只是口头上承认中国的存在，认为中国会追随西方的脚步，这真是大错特错。即使经历各种困难，中国依然保持快速发展。那些对此视而不见的人，错过了人类历史上

---

① 孙中山先生1912年创立国民党。1925年孙中山逝世后，蒋介石任国民党主席。他对1921年建立的共产党实施政治和军事打击。30年代日本侵略中国之际，两党停战合作。1945年，两党内战开始，1949年，国民党失败，逃往台湾。蒋介石仍任国民党主席，1975年逝世。现在，中华人民共和国是联合国安理会的常任理事国，比利时断绝了和台湾的一切外交关系。

一个精彩的部分。

1971 年，比利时王国和中华人民共和国建立外交关系[①]。这个事件给我的事业和我的人生所带来的翻天覆地的变化至今仍历历在目，恍若昨日。

比利时外交部对中国知之甚少，不知道该怎样与中国相处。他们需要一些有勇有谋的人去发展和中国的关系。比利时严重缺乏了解中国过去的专家，没有能够作为比中桥梁的翻译家。当然，我们之前的代表团团员可以效力，比如皮埃尔·里克曼（Pierre Rijckmans）和西蒙·莱斯（Simon Leys），但是远远不能满足需求。

外交部的塞利尔（Sellier）来找我帮忙，他们要接待第一批中国的外交官。

第一项任务就是把大使馆清理干净。坐落于伊克塞尔区雅克将军大道的 19 号公馆是中国的产业，之前一直是台湾的代表占用。1971 年冬，我和塞利尔来到这座中国大使馆前。当塞利尔拿着钥匙打开大门的瞬间，我有些激动。整座大楼是空的，充满神秘的气息。斑驳的墙壁讲诉的究竟是辉煌的历史还是庸俗的过去？对于即将到来的外交官来说，一楼还算凑合。楼上简直就是个垃圾堆。墙纸都脱落了，门上满是划痕，就好像发生过暴力事件似的。以目前的状况，完全无法使用，必须彻底装修一番。

① 比利时第一任驻华大使是雅克·格鲁哈特（Jacques Groothaert）。中国第一任驻比利时大使是李连璧。

第一位到达扎芬特姆国际机场的外交官是苗向涛（音译：Miao Xiang Tao），他的翻译非常优秀。一个对华毫无敌意的北约成员国第一次正式欢迎中国官员。我有幸能够当场见证，多么令人激动啊！作为中国人民的老朋友，我经历了整个建交的过程，亲眼见证了建交的时刻，我对此深感荣幸。

两国“邦交正常化”以后，第一位商务参赞是阎宇泰（音译：Yen Yutai），他的翻译是石广生。

在比利时工作 8 年后，石广生步步高升，前途一片光明。先是进入中国五金矿产进出口总公司工作，90 年代被任命为对外贸易经济合作部部长，接下来入选全国人大常委会委员，最后担任中国外商投资企业协会会长。此人能力极强，我很欣赏他。

1972 年，中国第一任驻比利时大使李连璧终于到来了。中国人似乎很需要我的帮助：受大使之托，我需要为使馆购置一辆奔驰车；商务参赞希望我能够在安静的街区给商务处找个办公楼。我不辱使命，最终在智利大街上找到一处。

同年，比利时大使雅克·格鲁哈特到达北京。大使先生是位优秀的外交官，他知识丰富、了解东方国家、谦恭有礼、思维开阔。我们的想法不是完全一致，但这并不妨碍我们之间在多个领域的友好关系。离开外交舞台之后，他历任比利时航空制造有限公司（SABCA）总裁、比利时通用银行（Générale de Banque）总裁、柯登堡派（一个比利时联邦制度研究小组，以会议地点柯登堡命名）成员、美国－欧共体协会（促进国际合作和相互理解的协会）创始人、比中经贸理事会主席。我本人也是比中经贸理事会的创始人之一。

1999 年，雅克·格鲁哈特去世。

虽然比中之间的关系进展顺利，但还是有些争端亟待解决。我也卷入了一件大事中。

在1950年至1953年的朝鲜战争中，有17个联合国成员国参战，比利时派出700人组成“朝鲜战争自愿团”。当时，中国帮助北朝鲜抵抗联合国军队，比利时与中国没有外交关系，又加入了对抗的阵营。中国在美国银行的全部资产遭到冻结，同时中国扣留了比利时通用银行驻上海代表范·鲁斯布鲁克（Van Roosbroeck），他娶了一个朝鲜妻子。

为了保证双方利益，我受阎宇泰的委托，着手启动中方和比利时通用银行之间的磋商。我在比利时银行界有很多朋友，在双方之间建立联系不是什么难事。经过一轮磋商之后，双方达成协议：美国将冻结的资产（包括利息）归还给中华人民共和国，中国释放范·鲁斯布鲁克回国。

只要有强烈的愿望，我们就能解决一切困难。

中国虽然经历了“文革”的浩劫，世界却更加了解这个国家。她的十几亿人口富于活力和创造力，她有着几千年的辉煌文明史，幅员辽阔，发展潜力巨大。

1964年1月27日，戴高乐将军发表了一则简短的通告：“法兰西共和国政府和中华人民共和国政府决定建立外交关系。”戴高乐将军的决定在世界上引起了强烈的反响。我本人也是欢欣鼓舞。这一决定打破了美国控制下的北约独领天下的局面，显示了两国人民主宰自己命运、选择自己制度的权力，更加促进了国际关系的平衡和世界的和平。由此，我想起年轻的时候，人们经常宣扬的独立、各民族平等、友谊、和平……

中华人民共和国在巴黎建立了大使馆，第一任驻法国商务参赞是陈明。1963 年 10 月，当他还是外经贸部的一位处长时我就认识他了。应他的邀请，1964 年 6 月 11 日，我来到巴黎，探讨成立苏德新公司。

1966 年至 1976 年的“文革”期间，比中友协经贸委员会曾多次组织代表团，在夏尔·罗治的带领下访华。他做了不少报告，以下是报告的节选：

1959 年：这一切使人相信，强大的中国将对世界造成越来越大的影响。因此，西方国家不能再这样目光短浅了，对东方一味地敌视和反倾销是错误的。中国市场不断扩大而且潜力巨大。我们的出口商们必须打入这个市场，了解中国的需求，向他们销售商品，甚至是在中国建设工厂。但是以目前国际政治状况来看，要实现这些合作非常困难。①

1964 年：虽然中国人民的生活水平和西方国家相差甚远，但代表团的团员们看到，中国工人和农民的生活状况比前些年、尤其是前两年好很多。即使是中国人自己能够生产出大量的产品，但对于这个巨大的市场来讲，也是远远不够的。因此，中华人民共和国希望从全世界、特别是从欧洲国家进口高科技设备和机器，以填补国内生产的不足。②

1970 年：仅仅依靠一股革命热情，中国就能在工农业上取得

① 夏尔·罗治，《中华人民共和国的对外贸易和发展》，1959 年。
② 夏尔·罗治，《比利时经贸代表团访华报告》，1964 年。

进步，并且一直持续下去吗？经济需求是否受到政治制度的影响？在未来的发展中，中国是否以市场经济为导向制定价格体制，即非资本主义性质的体制？中国的经济还没有放开，将来当她遭遇国际市场的竞争时会怎么做？①

1971 年 11 月，即比中建交一个月后：以中国目前的经济发展速度，她今后与西欧国家在贸易、技术和工业方面，尤其是高科技方面的联系会更加紧密。②

比利时驻华大使馆正式开放后，我就认识了帕特里克·诺冬（Patrick Nothomb）。1972 年至 1974 年，他任代办。1988 年至 1997 年，任命为驻日本大使。目前为卢森堡省政府顾问。

我在北京认识他时，他住在外交公寓的四层，没有电梯。他多次邀请我去家里做客，我因此认识了他的两个女儿，其中一个就是著名作家阿梅莉·诺冬（Amélie）。

比中友协从建立之日起，内部就存在着分歧。后来分歧愈加严重，而我并不知情。到了“文革”期间，分歧达到顶峰。

让我们回顾一下历史：

1957 年：比利时政治、哲学界人士建立比中友协。协会的宗旨是：同中国建立外交、贸易、文化和科学联系，同中国人民缔结友谊。

1957 年：比中友协经贸委员会成立，我是主要成员之一。

① 夏尔·罗治，《中国经济政治的特殊性》，在比利时皇家政治经济学协会的讲座，1970 年。
② 夏尔·罗治，《比中经贸委员会代表团的集体报告》，1971 年。

1962年：中苏关系破裂。比中友协遭遇第一次危机，部分会员顺从苏联的政策，敌视中国。

1963年：一些信奉马列主义的党派（亲华派）在欧洲建立，其中也包括比利时。比中友协内部也产生了政治倾向的分歧。

1966年："文革"在比中友协内部又引起了新的矛盾。一些人希望比中友协保持政治上的中立，对所有"中国人民的朋友"敞开大门，不论政治哲学立场、不论出身和职务。其他人想要走上左派的道路，保持政治倾向，"坚持工人阶级的领导"。并且，他们想要夺取经贸委员会的权力，为他们的政治活动提供资金！友协内部的矛盾毫不亚于中国的"文革"。比利时支持中国共产党的政治团体内部也产生了分裂。一些人支持"阿尔巴尼亚路线"（抨击中国），另一些人自称是"毛泽东思想的捍卫者"。事情越来越荒诞。比中友协开始分裂：一些人离去了，一大批人进来了。后者大多是一些年轻的基督教徒，他们把中国视为理想国度——香格里拉。最后，一些知识分子、科学家、教师、艺术家严厉抨击对毛泽东的个人崇拜、红卫兵的暴力行为和"四人帮"，然后离开了协会。

1976年：比中友协内部产生了一些左派团体，想要逐渐破坏友协在民众和机构内部建立起来的威信。对于某些人来说，友协成了一个宣传个人政治倾向的平台，这与友协的章程、宗旨和构成是极其不符的。

1980年：比中友协内部分裂——一派坚持贯彻友协创立之初的目标，与中国建立外交关系，发展两国人民之间的友谊和各方面的交流；另一派妄图垄断友协，作为自己在比利时的政治工具。

因此，比中友协的大部分领导人决定中断和一切违背协会创建者意愿的政治人物之间的联系。

我也是他们中的一员。心怀叵测的一派被清除出友协，这场危机终于圆满解决。

为了维护比利时对华的友谊和比中两国之间贸易上的往来，1982 年，比中文化中心建立。1983 年，之前与比中友协断绝联系的比中经贸理事会成为比中友协的一个独立组成部分，将发展与中国之间的经贸关系定为唯一目标。比中友协成员的政治立场不得再影响协会内部的制度。

在这一时期，继法国之后，美国也开始转变其对华政策。随之而来的效果是可喜的。每前进一步，都更加坚定了我的信心。

1971 年 4 月 10 日至 17 日，应周恩来的邀请，美国乒乓球队访华。他们刚刚参加了日本名古屋第 31 届世乒赛。同年，基辛格本人也秘密来到中国，为尼克松总统和毛泽东主席 1972 年 4 月的会面做准备。之后，中美签订了《中美联合公报》，又称《上海公报》。

1979 年 1 月 1 日，中美正式建立了大使级外交关系。美国宣布断绝和台湾的一切外交关系，从台湾撤军，废除和台湾当局签订的《共同防御条约》。

中国在世界外交舞台上又迈进了一大步。

1973 年 3 月底，美国军队撤离越南。1975 年 4 月 30 日，西贡解放。美国支持下的南越部队无条件投降。西贡改名为胡志明市。

Le Vice - Premier Ministre et Ministre des Affaires Etrangères
de la République Démocratique du Viet Nam
Nguyễn Duy Trinh
Le Ministre des Affaires Etrangères, Chef de la Délégation
du Gouvernement Révolutionnaire Provisoire de la République
du Sud Viet Nam à la Conférence de Paris sur le Viet Nam
Nguyễn Thị Bình
Le Ministre d'Etat, Chef de la Délégation du Gouvernement
de la République Démocratique du Viet Nam à la Conférence
de Paris sur le Viet Nam Xuân Thủy
prient M. Henri Lederhandler et Madame

de leur faire l'honneur d'assister à la réception qui aura lieu le
Lundi 29 Janvier 1973, de 18 h. 30 à 20 h. 30 dans les Salons de
l'Hôtel Lutétia - 47, Boulevard Raspail, Paris - 6e.

R. S. V. P.
2, Rue Leverrier, Paris 6e

Tel. 326. 81. 93
326. 64. 35

1973 年 1 月 22 日，越南停战之际，应越南民主共和国副总理兼外交部长阮维桢，以及南越共和国临时革命政府外交部长兼代表团团长阮氏平的邀请，我携夫人参加了在巴黎鲁特西亚酒店举办的招待会。

整个战争期间，我一直和北越保持着良好的关系。1973 年 1 月 29 日，应越南民主共和国政府代表团的邀请，我来到巴黎鲁特西亚酒店，参加当月 27 日签订的《越南停战和平协定》的庆祝会。向我发出邀请的是国务委员兼代表团团长阮氏平。越南外交部长阮维桢也参加了庆祝会。

1976 年 7 月 2 日，越南社会主义共和国成立，越南南北方统一。

回过头来再说说发生在中国的事……

1974 年，比卢经济联盟[①] – 中国联合委员会召开第一次会议。

---

① 1921 年比卢两国签约成立比利时 – 卢森堡经济联盟（UEBL）。2002 年 12 月 18 日，比卢两国和比利时三大区签署了全新的比卢经济联盟宪章。

比利时金属板材成形协会（Fabrimetal）向中国派遣了一个工业代表团。在布鲁塞尔自由大学社会学系召开的题为“中华人民共和国经济发展 25 年”的座谈会，吸引了 300 名学术界和经济界的人士参加，这其中也包括我。

1975 年，中国在世界上举办了一系列展览，介绍自己的经济实力、推荐自己要出口的产品。而比利时也在北京举办了第一届官方的工业展览会。时任比利时外贸局主席的阿尔贝亲王（prince Albert）和比利时外贸部长一同前往中国助阵。比利时总理丁德曼（Léo Tindemans）、外交部长范·埃尔斯兰德（Renaat Van Elslande）都受到了毛泽东和周恩来的接见。代表团在华期间，中国副总理纪登奎曾说过：“中比两国虽然社会制度不同，但仍然能够在和平共处五项原则的基础上发展双边关系。[①]”丁德曼回应道：“两国在双边关系上的发展前景是十分广阔的。两国之间应共同努力，使双边关系具体化。[②]”

双方的观点完全一致，进一步肯定了我十几年来的努力：“加强比中两个国家、两个经济体、两国人民之间的互利合作。[③]”

1975 年在北京举办的工业展览会上，苏德新布置了一个很大的展台，为众多的公司做代理。其中一部分与我们有代理关系，而其他企业与我们并没有关系，但我们同样向中国推荐。与我们有代理关系的比利时企业都是业界翘楚：莎城电气公司（les

① 在第一届比利时工业官方展览会开幕式上的讲话，1975 年。
② 同上。
③ 同上。

ACEC），爱克发·吉华集团（Agfa-Gevaert），苏威集团（Solvay），杨森制药公司（Janssen-Pharmaceutica），联合化工集团（UCB），贝卡尔特集团（Bekaert），克努特公司（CNUD），布尔威尔夫造船厂（Boelwerf），科克里尔机械工业公司（Cockerill），比利时核能公司（Belgonucléaire），梅希姆冶金化工工程公司（Mechim），西比特拉公司（Sybetra），阿尔克斯公司（Arcos），波涛公司（Balteau），德莫尔公司（Demoor），贺德宝公司（HDB，Houget Duesberg Bosson），汉雷茨公司（Ateliers Hanrez），拉蒙蒂尔勒保险公司（La Mondiale）。

经过我们的努力，比利时企业不再把产品带回国，而是直接销售给中方，双方都可以从中获益。我们的做法受到了比利时企业和中国参会者的好评。

1976 年，中国在比利时举办展览会。中国贸促会组团参加在海瑟尔体育场举办的布鲁塞尔国际博览会，贸促会主任王耀庭亲自带队。他还请我帮忙租个地方安顿代表团。

此次博览会的成功，证明了“文革”并没有像某些人预言的那样阻止中国经济的发展。

13. 中国的第二次革命和邓小平

通常而言，孤陋寡闻者会口若悬河，而见多识广者却寡言少语。

让-雅克·卢梭，《爱弥尔》，1762年。

有些人总是认为在中国没有辩论，那里的人都毕恭毕敬地等待上级指示，这真是太不了解这个国家了。我确信中国会回到中间道路上来，文化大革命的极端行为将会受到谴责，所受的损失不久将会得到弥补，我对中国智慧的信心将得到验证。我并非是唯一抱有这种信念的人，但有时我们会成为冷嘲热讽的对象。

1976年1月，我因生意的原因呆在北京，这是一段令人伤感的日子。中国最卓越的领导人之一和中华民族最为爱戴的核心人物之一——周恩来——刚刚于1976年1月8日去世。

要追忆他的历史贡献是需要花费一定时间的。所有曾经接触过他的人——朋友或敌人——都会对他的卓越品质表示敬意：他忠诚，睿智，优雅。例如，皮埃尔·孟德斯–弗朗斯曾经这样评价他：“他曾经发挥过独一无二的作用，不仅仅因为他承担的任务，而且更因为他的非凡素质和在面临严峻挑战时的表现。他直面近代中国内政外交中悲剧性的曲折突变；在这个过程中，他表现出对诸多问题和诸多人罕见的理性，非凡的工作和指挥能力，坚忍不拔，作为优秀领导人对政治理想的不懈追求。但同时他又表现出灵活变通和前所未有的政治辨别力。[①]”而法国大使艾蒂安·马纳客补充说：“他眉毛下热切的目光……与苏联的艰难对话，与美国的针锋相对，为结束文化大革命时期军队的无政府状态在武汉所完成的使命……所有这一切总是离不开周恩来……我曾经认为他是不会被累垮的……他对我说，‘只有工作能让人保持精力和健康’。[②]”

乔治·维尼后来是这样描写他的政治影响力的：“周恩来是黑暗的终结者……是周恩来缔造了中国，他赋予理论以具体的内容，并超越理论原有的思想使之适应各种具体的现实[③]。”

那时，我正好在北京，中华民族处于举国哀悼之中。撕人心肺的场面无以言表。不结盟国家对失去万隆会议的使者感到痛惜。联合国在纽约为周恩来降下半旗。4月，群众在天安门广场自发组织很多游行，但这些活动被“四人帮”镇压了……我激动地目睹了送葬的队伍通过各交通干道穿过全城。又一位为送走黑暗带来光明而自我燃烧的人离去了。1955年我第一次去中国时，我荣

① 《世界报》，1976年1月10日。
② 同上。
③ 魁北克《义务报》，1976年1月9日。

幸地被介绍给他并且同他握过手。对我而言，这是一个不会磨灭的记忆，我对这位国家的伟大公仆有无限的敬意，而我的中国朋友为此很感激我。今天，周恩来的正直依然是榜样，人民对他有着始终不渝的钦佩。常言说，“离开记忆，人们只会有平庸的现在和不确定的未来[①]。”这无关偶像崇拜。

如同魔咒一般，同年7月28日，唐山遭遇特大地震灾害，数十万人伤亡，一些城镇全部被毁，连北京都有震感。世人再一次领略了中国人民的力量。危急关头，中国人总能团结起来应对厄运。城市的人行道上搭起了临时住所、摊位、作坊、餐馆等等，以便让房屋被毁的人有个休息和生活的地方。

但是，1976年尚未结束，又有一场新的悲剧震撼了这个国家。9月9日，毛泽东逝世，享年82岁。不用说，这一事件在世界各地的反应非常不同。中国到处在进行哀悼活动。在国外，一些人听到这个消息心中暗喜，另外一些人则感到震惊，他们把毛泽东看成是穷人反对富人的象征。

在当今中国，人们把给国家造成灾难性后果的一些判断失误归咎于他，但也没有忘记他的丰功伟绩：他领导人民同贫困做斗争，为幸福而奋斗，反对外来侵略，为民族独立而奋战，并于1949年10月1日在北京天安门上宣布：“中国人民从此站起来了！”

我清楚地知道，“毛泽东时期”所犯的严重错误不能也不应当否认——否则就是掩盖中国人自己业已承认的严重事实——，但

① 引文的出处不明，但曾被很多演说家和作家引用。

是同样有必要看到这些错误发生在这样的时代：新中国受到孤立、排斥，（根据多边出口控制协调委员会的命令）受到外交和经济封锁，受到周边（日本、朝鲜半岛、台湾、越南、老挝、缅甸等等）军事基地的包围。可以肯定的是，文化大革命已经结束，文化大革命的主要煽动者已经被捕并受到了舆论和法庭的谴责。可以肯定的是，中国慢慢地从充满泪水和呐喊的时代站起来，中国正在包扎她的伤口，一个新纪元将在地平线上出现。

而我这边，生意继续。我的中国朋友不知道未来将是什么。我感到他们如释重负而又迷惑不解。他们回答我的问题闪烁其词。一部分人带着彩色的领带来展示他们已经告别文化大革命的制服。他们的面孔上重新洋溢着幸福，这一切让我同样很高兴。

1977 年 2 月，我携夫人到越南旅行，同行的还有通过苏德新进口越南煤炭的古斯塔夫·麦斯公司的董事长。到河内，需要到莫斯科乘飞机。所以，我们来到了苏联首都，在那里我们呆了 3 天等飞往越南的航班。最后，我们购买了俄国航空公司的机票，同机的还有一个俄罗斯重要代表团，他们成了我们的旅伴。

这次旅行已铭刻在我的记忆里。这是我职业生涯中一次最可怕的飞行。从起点到终点，我们周围的人狂饮伏特加，猛抽香烟，大喊大叫，对酒当歌。

在老挝的琅勃拉邦短暂停留后，我们到达河内时已经筋疲力尽，我们又见到了我们热情的商业伙伴，同他们平静地谈判协商。

但我根本没料到后来发生的事情。一天早晨，翻译通知我去见越南的一位高层领导，不是谈生意而是谈政治。我来到一栋部委建筑里，有人把我介绍给一位政治局（政治局是越共最高决策机构）委员，他同时也是越共机关报《人民报》的负责人之一。

寒暄过后，对方直接谈起我与中国的关系。我意识到他知道我的一切，尤其是知道我有中国情结。他发言措辞谨慎但论据尖锐。他想让我相信：中国人并非越南真正的朋友，中国人的援助微不足道且毫无效率。他的话就像唠叨抱怨，只想达到一个目的：让我远离中国。在我看来，他只是在照搬苏联的主张。

我没有保持沉默，而是提到了1964年至1977年间美国对越南的轰炸达到高潮时我的几次越南之行。我提醒他，战争期间我看到河内商店几乎所有产品和消费物资都来自中国。我对他说，我在中国南宁时，看到开往河内的载满物资和武器装备的中国列车在等待美国停止对中越铁路线的轰炸。

对方很明显不欣赏我的说法，尽管我感觉出他已经动摇了原有的看法。但是他鼓励我"平心静气地、以一种寻求正义和真理的大无畏的平静，讲出我的想法，说出我的理由，即使是让人觉得不自在[①]。"

这是我最后一次越南之行，我感到遗憾，因为我欣赏这里的伟大人民和灿烂文化。

离开越南，我们在中国进行了一次难忘的旅游，期间也有商务磋商。

---

① 罗歇·拉勒芒，《政治梦想》，布鲁塞尔，迪迪埃·德维莱出版社，2000年。

还是在 1977 年，比利时化工企业联合会同比利时中国经济理事会在中国组织了一次研究活动，我自然也参加了此次活动。参加此次活动的还有杨森制药公司的董事长保罗·杨森博士。

杨森博士的主要任务是与中国人讨论各种猪病。他的实验室发明了一些灭杀侵入猪肠的蠕虫的新药。猪肉是四分之一人类基本食品的一部分，这可是一个极为重要的话题！后来，中国授予他诸多荣誉头衔，其中包括中国科学院名誉博士的头衔。

我从此与他结下了友情。现在回想起我们乘火车旅行时一路下棋我还激动不已。当然，我总是输给他。一回到比利时，杨森博士就邀请我和妻子到他在贝尔塞的住处做客，中国驻比利时大使及夫人作陪。

1979 年 11 月，比利时和中国谈妥了建交以后的第一单大生意：向中国出售一座火电站，在河南省平顶山安装两组 2×350 兆瓦发电机组用来发电。

顺便提一下，在中国，河南被看做“中部之花”，是中国的心脏，公元前 221 年中国第一帝国形成之前那里一直是中国文明的发祥地。而紧邻火电厂厂址的郑州市在抗日战争中深受其害：1938 年，国民党炸开黄河大堤。100 万居民在这场悲剧中死亡，120 多万人受灾。这个地方具有历史及经济重要性。

为完成这项工程，我们成立了由苏德新作代理的企业集团：生产交流发电机的沙勒罗瓦电子制造厂（ACEC），制造两个锅炉的科克里尔公司，提供涡轮机的阿尔斯通公司，负责整体设计任务的牵引电力公司和比利时电力公司。后两个公司后来合并为卓克特贝尔－苏伊士公司。沙勒罗瓦电子制造厂领导企业集团，苏德新为中国的独家代理商。

这个项目可不是一桩小买卖。

这一切始于1971年，正值文化大革命时期。在与中国技术进出口公司领导会谈过程中，中方问我比利时能否制造交流发电机。我马上回答道，沙勒罗瓦电子制造厂是这方面的专家。此后的8年时间里，比利时和法国的工程师和专家往来于中国，负责解释这个总成本高达60亿比利时法朗项目的来龙去脉。中国人对他们比利时伙伴提供的技术解释特别满意，但他们对履行合同附加了一个条件：他们希望合同要和比利时给中国提供国家贷款联系起来。

在1977年和1978年间，我完全致力于谈判，与比利时外交部和对外贸易部的代表有多次谈话，特别是对比利时一位名叫达隆的主任以及中国驻比利时大使馆的商务参赞李树德抱有美好的记忆（我经常邀请李树德和他的夫人到我家做客）。

最终，我们如愿以偿。自1949年以来，比利时是第一个给予中国9亿比利时法郎国家贷款的国家。这是一笔分30年偿还的无息贷款，数额相当于合同付款的15%。

比利时是这方面合作的开拓者，其他国家开始效仿我们，第一个就是日本。

合同最终于1979年11月在北京签订，在场的有时任比利时经济事务部长维利·克拉斯，因为是他在威尔弗里德·马尔滕斯首相的首肯下批准这笔贷款的。我们连续四夜没有睡觉，但我们都有精神在北京钓鱼台国宾馆庆祝合同的签订和维利·克拉斯的生日。当时在场的还有沙勒罗瓦电子制造厂的董事长皮埃尔·尤腾霍夫(Pierre Uyttenhoeve)和科克里尔公司的皮埃尔·克莱当男爵。

让我高兴并符合我殷切心愿的是：一方面，当地中国居民将受益于现代技术带来的成果；另一方面，这会使相关行业的比利时工人获得就业机会，其中一些行业已处于危机之中。

1984 年，火电站投入运营。

苏德新竭尽所能完成了它的任务，也因此在期待已久并终于到来的“四个现代化”中找到了它的位置。这一伟大转折表现为改革、发展、复兴和巨变。钟摆再次运动起来，这是邓小平于 1979 年启动的。1997 年他去世的时候，安南号召“国际社会纪念他，把他看成中国现代化和经济大发展的主要设计师[①]。”

生于 1904 年的邓小平经历了中国当代史的一切。他还于 1920 年被派到法国勤工俭学，任务是“学习西方文明，拯救苦难中国[②]。”他先后在克罗佐的施耐德轧钢厂、比扬古的雷诺汽车厂、白鸽城的克莱贝尔轮胎厂和哈金森橡胶厂工作。后来他被哈金森橡胶厂解雇，理由是：“拒绝工作，永不续用。”

然而，正是这位“叛逆者”发起了关乎 13 亿人命运的 20 世纪最重要的经济改革。2011 年，中国因此成为世界第二大经济体。

在回顾自 80 年代起进行的中国经济改革和改革给苏德新带来的必然变化之前，有必要讲一下比利时对华贸易界的组织演变。

---

① 在联合国的发言。
② 邓小平传，维基百科。

1983 年，比利时中国经济贸易委员会成为非营利协会。然而，作为十位创始人之一的约翰·巴克却背着我们创建了比利时中国工商会。我们感到惊愕、不满、不知所措。这样一来，就有了两个组织追寻同样的目标。这几近荒唐。当两个组织的代表团同时应邀来到中国时，双方在颐和园不期而遇。这简直就是一种超现实的局面。巴克代表团中的埃瑟肯斯部长大为惊讶。回到布鲁塞尔后，他邀请夏尔·罗治我们两个人会面，想搞清楚这种混乱的局面。他指出，这种局面对我国的对外贸易极为不利。

1983 年至 1987 年，我担任比中经贸委员会主任一职，并竭尽全力来解决当下的危机。我有个挥之不去的念头：要团结不要分裂。我开始和约翰·巴克进行协商。在布鲁塞尔希尔顿酒店的一次午餐中，我向他建议解散两个组织并创办一个新的组织。会谈温文有礼但不失严肃。根据我的建议，我们一致同意建立目前的比利时中国经济贸易理事会。我恳请 1972 年出任第一任比利时驻中国大使的雅克·格罗萨特（Jacques Groothaert）担任首任理事会主席职务，他接受了。约翰·巴克和我同为副主席。

1989 年，雅克·格罗萨特辞去了理事会主席职务。约翰·巴克、福奈斯航运公司董事长和我一度成为理事会共同主席。1992 年，前比利时驻华大使让·奥朗·范洛克（Jan Hollants van Loocke）成为理事会主席。1993 年，默·贝尔纳·德维特（Me Bernard Dewit）接任，并借机向《比利时公报》注册了比利时中国商会的名称，以避免机构名称的任何变故。该机构的唯一宗旨是增进比中两国间经济贸易的交流。

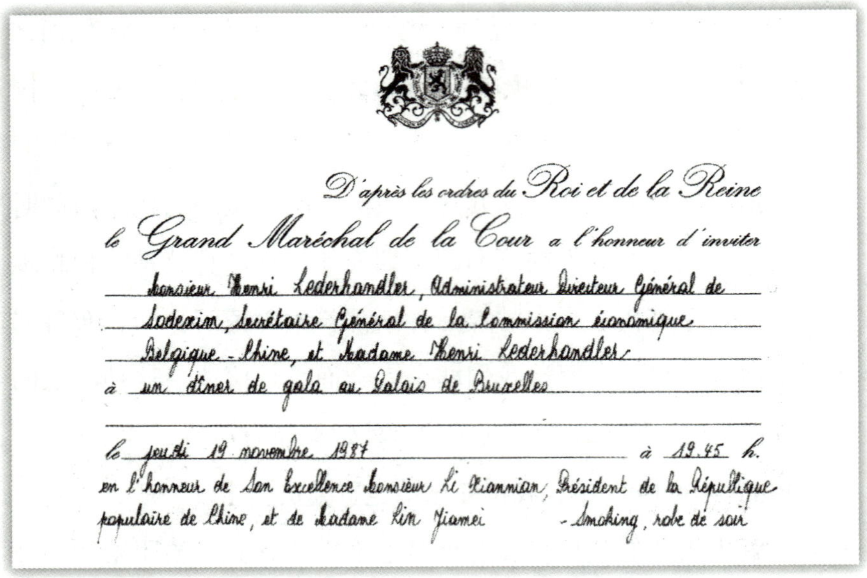

D'après les ordres du Roi et de la Reine
le Grand Maréchal de la Cour a l'honneur d'inviter
Monsieur Henri Lederhandler, Administrateur Directeur Général de Sodexim, Secrétaire Général de la Commission économique Belgique-Chine, et Madame Henri Lederhandler
à un dîner de gala au Palais de Bruxelles
le jeudi 19 novembre 1987 à 19.45 h.
en l'honneur de Son Excellence Monsieur Li Xiannian, Président de la République populaire de Chine, et de Madame Lin Jiamei - Smoking, robe de soir

根据博杜安国王和王后的敕令，我和夫人应邀参加 1987 年 11 月 1 日在布鲁塞尔宫为中华人民共和国主席李先念和夫人举行的盛大晚宴。

我本可以躲开这些斤斤计较的争执而只关心我自己公司的命运——这经常占用我相当多的时间——但我愿意继续从事多年来一直做的事情：尽可能扩大能为建设新中国有所贡献的商人和公司的数量，同时使他们自己的业务受益，也因此给比利时带来就业。而且，我意识到所有这些来自不同政治和哲学阶层的商人对理事会内部的荒唐而徒劳的争吵绝对不感兴趣。

提起这些不愉快的时刻，我不由激动地想到已故的乔治·范迪克（Georges Van Dijck）。这位比利时外贸局的官员后来成为理事会卓有成效的领导者，他有一位名叫格温·索恩克（Gwenn Sonck）的年轻女助手，我从她那里学到了技艺。

让我们重新回到 80 年代。

1978 年 12 月，在中国共产党十一届三中全会期间，邓小平获得了权力，从这一年起，中国开始执行由他提出的政策。

1979 年 1 月，中美建立外交关系。正如基辛格中美研究所主任斯台普顿·罗伊（Stapleton Roy）所说的那样："如果有某件事已得到证明的话，那就是我们两个经济体紧密地联系在一起，没有一方能在经济上惩罚对方而自己又不遭受痛苦[①]。"当时，邓小平正在对美国进行官方访问。

同时，邓小平也负责就香港回归问题同英国进行谈判。1842 年，英国根据《南京条约》将香港据为己有。

在国内，邓小平为中国经济确定了全新的方针。后来这些方针被称作"改革"。实际上这是一次具有全球影响的巨变，对苏德新也是如此。这次真正的革命极大地改善了中国人的命运。

让我们举例说明其中的一些变化：人民公社制度逐步废除，农民有更多的自由经营他们耕种的土地并在市场上出售他们的产品；推行经济对外开放，建立经济特区吸引外资，其中最为有名的是广东省的深圳特区；允许外国银行落户中国；一些外国企业同样能在中国设厂；成千上万的大学生被派往世界最好的大学学习；所有的村庄可组织基层自由选举；鼓励尖端技术研究；鼓励艺术创造等等。

继这些措施之后又出台了促进四个现代化的很多新的方针。

1979 年，苏德新是首批在中国领土上建立代表处的外国公司

---

① 蒂尼·特朗，《中国与美国：三十年的外交关系》，美联社作家，2008 年 12 月 31 日。

之一。我们当时住在北京饭店 16 层。我雇用了第一个中国员工，他姓关，他能讲一口流利的法语而且深谙中国海关之道，是中国国际贸易促进委员会给我们推荐的。

为方便招聘人员，一个叫外企服务公司（FESCO）的专业公司应运而生，它类似任仕达集团（Randstad）或万宝盛华公司（Manpower）。外企服务公司负责招聘中国劳动力并向外国公司推荐（如今，外企服务公司成为此类公司的佼佼者，但也有其他一些公司专门从事尖端领域人才的介绍）。

苏德新在北京的代表处有 8 名有着不同技能的中国雇员。他们专攻自己所在领域，能向潜在客户解释所涉及的机器或产品的最小细节。他们不受时间的约束也不会只坐在椅子上等别人来求他们：他们到各省拜访客户，因为随着经济自由化，市场变得复杂了。公司根据他们的能力和对公司的忠诚度支付工资。

之前，一些进出口总公司——有时也被称为“央企”——垄断了对外贸易，如中国五金矿产进出口总公司、中国化工进出口总公司、中国机械进出口总公司、中国技术进出口总公司、中国纺织品进出口总公司等。自 1979 年起，对外贸易向各省市分散。国家进行宏观经济决策，私营部门越来越举足轻重。变化虽然缓慢但不可逆转。“央企”逐步失去了它们以前的特权但并没有消失，这些企业甚至开始向国外投资。

苏德新不甘落后，迅速适应了新情况，向新出现的公司挺进。例如，在冶金产品销售方面，我们了解潜在的客户；在设备方面，我们直接找用户。简单地说，我们与北京、鞍山、广州、上海等任何地方的工业都有联系。

许多年里，我们独家销售苏威公司出口到中国的产品。我们主要为这家公司销售苛性碱和碳酸氢钠，价值达几十亿比利时法郎。但今天，中国自己生产这些材料，并希望我们把这些产品卖到西欧。这真可谓沧桑巨变！但这不正是这个伟大国家快速和必然发展的证明吗？

再举一个例子。作为苏威公司的代理商，苏德新把用于玻璃制造业的碳酸氢钠的生产过程引进到了中国。苏威公司第一次把这种生产技术卖到了国外：中国大连。今天，中国已不需要从国外获取这种产品了。

在那个时代，在我这台发动机的带动下，经贸委员会的作用快速增强，大家都迅速奔向中国。很多比利时的企业家想：美国自己同中国建立了贸易关系，为什么我们不能呢？如今在全球化时代，一切都不同了。世界经济发生了深刻变化。2001 年，中国加入了世贸组织。众多的企业合并，另外一些则不复存在。以前，苏德新是科克里尔在中国的代理商。后来，科克里尔先后和安塞洛（Arcelor）、米塔尔（Mittal）合并。同一时期，我们曾为一些企业销售工业设备，如今这些企业也已不存在了，例如沙勒罗瓦电子制造厂。

所有这些变化，促使我们采取新的发展战略来开展业务。

14. 中国的大开放

坐在奥林匹亚山颐指气使的西方梦该结束了。

于贝尔·韦德里纳，《2009—2012年世界博弈》，
巴黎，法亚尔出版社，2012年。

1981年至1985年无论在贸易还是在政治、文化和科学方面都是大好年头。我们向中国出口了大量的化工和冶金产品。

1981年的大事就是博杜安国王和法比奥拉王后访问中国。自1971年两国建立外交关系后，等待了10年，比利时最高当局最终承认中国是地球村的一部分，属于人类大家庭的一员。

同样是在1981年，在比利时中国文化中心秘书长塞尔日·佩鲁和记者热拉尔·瓦莱的帮助下，《丁丁历险记》的作者埃尔热和张充仁得以重逢。

1982年，我参与了比利时中国文化中心的创建工作。在此后的20多年间，该中心为所有对中国感兴趣的人提供服务，不管他

们的政治和哲学观点是什么。1982 年，比中文化中心策划、支持或推动了多项活动，扩大了中国的对外开放。在此，我们仅举几例，以资纪念。

比中文化中心与国家科研基金合作，设立了一项奖学基金，以筹措资金资助 100 多位在比利时大学进修的中国学生和研究人员。我在这项活动中特别积极，因为我和支持开放的中国领导人都认为，乌托邦毫无意义，只有改变现实才是革命性的。为了做到这一点，迫切需要学习如何智慧而又符合道德要求地利用科学成果。拉伯雷教导我们："没有良心的科学只是心灵的废墟[①]。"对于不曾上过大学的我来说，学习的目的归根结底只可能是生活本身。我在书本之外学到了这样的道理。

布鲁塞尔美术馆举办了一次引人注目的展览，名叫"中国艺术瑰宝（公元前 5000 年—公元 900 年）"。这是由比中文化中心和布鲁塞尔美术馆共同发起，由皇家艺术和历史博物馆的尚塔尔·科齐雷夫（Chantal Kozyreff）指导的。我再一次感到欣喜并支持这项活动，因为展览能激发人们对中国的好奇心。

随后，来自中国的一些杂技演员、运动员、记者和音乐家在蒙斯皇家音乐学院和布鲁塞尔音乐学院进修；一些舞蹈演员到弗兰德斯皇家芭蕾舞团进修；一些画家为深入了解西方造型技巧来到安特卫普和根特。艺术评论家王朝闻参观了由莫利斯·贝雅尔（Maurice Béjart）领导的 Mudra 舞蹈学校。应比利时针灸医生协会的邀请，三位杰出的中国针灸医生进行了 3 个月的讲座。那年

① 《庞大固埃》，1532 年。

总计有30个科研团体和10个中国艺术代表团访问比利时。

比中文化中心在城市信贷银行、埃塞勒、罗吉耶中心，以及很多市政大楼里举办了一些高质量的展览，还组织了几十个关于中国的讲座。

比利时方面也向中国派遣了一些代表团：一些法学家受到中国司法部的邀请，比利时大学的一些教授和校长受到中国教育部的接待，比利时的田径运动员参加了北京国际马拉松比赛，利尼王子观看了空中体育锦标赛，等等。

这一切让我欣喜不已，因为这一切让我的生活有了意义。但我所处的位置并不总是那么令人舒服，有些人开始怀疑我的真诚。必须指出，导致危机越来越严重的令人不安的迹象是偏狭。因为，我所支持的这些交流，无论是经济的、政治的、科学的、文化的、体育的，最终都是为了使两国人民亲近和战胜无知的途径。成果有目共睹。1982年，教育部长罗贝尔·于尔班（Robert Urbain）在北京同中国教育部长会面时说："我认为我们加强同中国的交流至关重要，更多的老师应到这个国家工作一段时间，让相互理解和相互尊重所催生的友好关系能得到加强和增进。"外交部长莱奥·廷德曼斯肯定地说："比利时和中国在诸多问题上观点相同。我们希望更进一步加强我们两国的友好合作关系。"

1983年，中国国务委员兼对外经济贸易部部长陈慕华在比利时受到接待。比利时中国经济贸易理事会借机在布鲁塞尔希尔顿酒店举行了盛大的招待会，与会的有政界和工商界的众多人士。

同年，汉语教学受到了越来越多的重视。比利时是极少数不太重视汉学和中国语言文化教学的欧洲国家之一，所以必须奋起直追。对中国的忽视有这样的原因：比利时在它整个的历史发展进程中把在非洲的扩张作为重中之重，但也没有完全忽略亚洲。对于中国，比利时从来没有法国和英国那样的抱负，但它在某些领域表现得很突出。下面是几个标志性事件。

17 世纪，生于比利时皮特姆的耶稣会长老、天文学家和数学家南怀仁（费迪南·韦比埃斯特，Ferdinand Verbiest）于 1660 年 6 月 9 日来到北京。他的科学技术知识赢得了康熙皇帝的友谊，并成为他的数学启蒙老师。

19 世纪，中比贸易条约在天津签订。布拉邦公爵（未来的国王利奥波德二世）访问香港和广州。

20 世纪初，义和团放火烧了比利时在北京的公使馆，中国不得不向比利时赔偿 3100 万法郎以弥补给比利时外交机构造成的损失。

不久后的 1905 年，北京至汉口的铁路举行落成仪式；长达 1214 公里的铁路工程由工程师让·雅多指挥。首批比利时有轨电车在天津落户，这还要感谢埃米尔·弗朗科居伊（Emile Francqui）。一些比利时人出资开发开平煤矿。一位名叫拉乌尔·瓦罗基（Raoul Warocqué）的比利时实业家被任命为中比研究协会主席后因外交使命来到中国。

第一次世界大战期间和以后，20 多万中国人被输入法国和比利时，排除战场上的爆炸物和埋葬死人；伊普尔博物馆专门纪念他们所做出的牺牲。中国比利时教育和博爱委员会给年轻的中国人提供奖学金，他们中间有在沙勒罗瓦劳动大学短期学习的周恩来、画家吴作人、雕刻家和埃尔热的朋友张充仁。中国内阁总理陆征祥进入布鲁日圣安德烈修道院，并被授予神父的圣职。比利时高等汉学院成立。比利时是第一个将天津租界归还中国的国家。那时的比利时外交部长埃米尔·旺德威尔德声明："我们是首批与中国平等相待的国家。我们从中得到的与我们所放弃的不可同日而语[①]。"1931 年 9 月，日本侵入满洲。在这个问题上，比利时在国际联盟采取了有利于中国的态度。

1949 年 10 月 1 日，中华人民共和国成立；比利时和大部分西方国家一样无视新中国的存在而继续承认蒋介石政权。因此，1949 年后，比利时的大学和研究中心很少能够开办研究当代中国的专业。当时只有比利时高等汉学院、玛丽·哈普斯研究所，以及分散在全国各地少人问津的汉语课。笔译、口译和语言学者的培训无法满足同中国有关系的公立机构和私企的需要。

1983 年，比利时开始加倍努力。鲁汶天主教大学尤其值得一提。我的国际书店老同事的女儿弗朗索瓦丝·巴龙在那里的语言学院任教。她毕业于著名的北京大学，以及鲁汶天主教大学和布鲁塞尔自由大学。不久，布鲁塞尔、列日、鲁汶和布鲁日先后开办了孔子学院，中国的老师在那里教授中国语言文化。

那个时期，欧洲经济共同体（后来成为欧盟）中不太了解中国现实的官员越来越频繁地咨询我，并提出这样的问题："如何

---

① 埃米尔·旺德威尔德，《穿越中国革命》，布鲁塞尔，野玫瑰出版社，1930 年。

才能成为中国人？”他们借用了孟德斯鸠的话，“如何才能成为波斯人[①]？”

1980年，中国开始享受旨在逐步取消国际贸易限制的欧共体优惠待遇。1983年，欧共体组织了一场关于欧洲和中国关系的研讨会。这次聚会激发了人们的巨大兴趣。作为比利时中国经贸理事会的秘书长，我可不是研讨会的局外人。这次活动是在布鲁塞尔市政厅举办的，出席活动的有布鲁塞尔市长、中国驻比利时大使和400多位贵宾。

1985年，两个实体（中国和欧共体）签订了经济贸易合作协议，旨在促进中国科学和技术进步，并给予中国最惠国待遇。

中国在经济、政治、外交、文化、科学等所有领域的对外开放越来越广泛。在此背景下，苏德新在北京的代表处加强了它的协作者队伍，特别是在北京饭店大厅举办了20周年庆典。参加这次招待会的有近800位中国和比利时贵宾，其中有中国对外经济贸易部副部长、中国国际贸易促进委员会主任王耀庭。王耀庭的发言对我们多有溢美之词。比利时驻中国大使罗歇·德诺尔默（Roger Denorme）本想出席招待会，但由于礼仪的原因没能如愿：比利时前摄政王夏尔王子当时刚刚辞世。

除了与中国伙伴的经贸关系，我多年来还与中共中央对外联络部保持联系。由于中联部与比利时政界联系寥寥，因此，该

① 《波斯人信札》，1721年。

机构要我帮助组织比利时两大政党——法语社会党和荷兰语社会党——访问中国。在我的参与下，比利时法语社会党自 1949 年以来的第一个代表团于 1987 年 2 月 22 日到达北京。成员中有居伊·斯皮塔埃尔、安德烈·科勒（André Cools）和艾蒂安·戈芬。他们受到了中联部领导和比利时新任驻华大使让·奥朗·范洛克（Jan Hollants van Loocke）的欢迎。

不久，由卡雷尔·范米耶尔特（Karel Van Miert）领导的荷兰语社会党代表团来到北京，并受到隆重的欢迎。

时任国务院副总理的李鹏接见了这两个代表团。后来，中联部的朱达成对这次使命的成功完成向我表示感谢。他在信中说：“吃水不忘挖井人。”。

1985 年末，我因生意来到中国，陪同来访的有爱克发－吉华公司董事长安德烈·雷森（André Leysen）。此次访问的目的是增加该企业用于相机胶卷的半成品的销售。我们同样还有另外一个愿望，就是继续努力把爱克发－吉华公司的技术引入中国。由于我们后来在 1988 年赢得在江苏无锡建设生产医疗 X 光胶片厂的合同，因此这个愿望终于达成了。无论在生意上还是在我同安德烈·雷森的关系上，我对这次中国之行都保留着美好的记忆。

生意越来越兴隆，我必须加强苏德新的工作班子[①]。我女儿达尼埃尔中学毕业后进入了我的公司。刚开始，她管理多个部门，

① 1985 年，一位名叫贝尔纳·莫讷克莱（Bernard Moeneclaey）的新管理人员加入到我们公司。1988 年，克里斯托弗·拉格朗日加入公司。让我极为满意的是，他一来就管理一些重要部门。2004 年，我雇用了米里亚默·乔治（Myriam Georges），事实表明她是个出色的合作伙伴。

后来专门负责财务部。对我而言，她一直给我很大的支持。工作之余，她爱好戏剧，是几个戏剧团体的成员。

1963 年，我们开始与贝卡尔特集团建立业务关系。该集团生产钢丝，确切地说是大多数轮胎里用的钢丝。我们还成了该公司在中国的代理商。从此，我们每年都会签一些大合同。我们进行了长期的会谈，并终于成立了中国贝卡尔特钢丝制品有限公司。该公司成为江苏最大的生产强化辐射状轮胎的合资公司。1975 年，我们开始致力于把贝卡尔特的技术引进到中国。

1993 年，我们的合作终止了。但我对这 30 年的共同工作，尤其是我与安托万·贝卡尔特男爵逐步建立起来的亲密关系，保留着美好的记忆。在他位于兹韦弗海姆的漂亮家中，我们曾无所不谈，政治、文化、经济，不仅仅是买卖。还有，在 1979 年，我们一起走遍中国，我们身边有令人愉快而又很能干的罗歇·科尔帕特，他那时负责企业的技术转让。

这一切都成为了过去，因为安托万·贝卡尔特已经去世。而贝卡尔特公司的新任领导很健忘，他们用自己的方式来诠释我们在中国的共同经历。

贝卡尔特公司的新任领导把他们与中国建立关系的时间确定为 1993 年，即该公司向中国出售第一条生产线的那一年。这样，他们就抹去了我们之间的 30 年的合作。贝卡尔特公司之所以能这样快地做成这笔生意，是因为我们公司从 1975 年开始和中国组织了多次的技术交流。而且，贝卡尔特公司之所以能在比利时将一条注定要消亡的生产线保持一段时间的运转，是因为苏德新在 80

年代从中国那里获得了大批的订单。很多工人和技术人员因此得以留在他们的岗位上。我为此深感自豪。

让我们不要理会贝卡尔特公司的行为。正如奥斯卡·王尔德所说：“如今，人们知道一切东西的价格，却不知道任何一件东西的价值[①] 。”如果贝卡尔特男爵还活着的话，也许一切会有所不同。

① 《多里昂·格雷的肖像》，1891 年。

15. 以色列与中国，犹太人在中国的片断

"我从哪里来？我是谁？我到哪里去？人到底是什么？"

让－保罗·萨特，摘自《萨特跨学科专题座谈会》，

阿雷格里港，2004 年 7 月。

在回忆个人经历之前，我愿意先谈谈我在促进以色列和中国关系方面的积极行动。

我是犹太人。更确切地说，我是犹太裔比利时人。我在比利时生活得很幸福，我与比利时犹太社群关系密切。我在犹太社群里有很多朋友，在那里我感觉很惬意。我讲意第绪语，9 岁前我和父母一直用这种语言；我喜欢犹太菜和犹太音乐，我喜欢犹太人的团结和人情味；我具有犹太人的共同记忆和习俗。犹太人遭受的一切——歧视、迫害、逮捕、流放和灭绝——我感同身受。

即便这样，我也不认为自己是犹太复国主义者，我认为犹太

复国主义者应该在以色列。在以色列生活，可以帮助实现西奥多·赫兹尔（Theodor Herzl）的梦想，即“恢复犹太人自古失去的地位，让一个民族团聚在同一个国家[1]。”

我们涉及的是一个在所有犹太社群内都会引起争论的话题：没有生活在以色列的犹太人是否需要同化。我不明白为什么人们热衷于谈论这个话题，因为对我而言，生活自会解决这个难题。

我女儿达尼埃尔和一个非犹太人生活在一起，我儿子埃里克娶了一个非犹太人。爱情、生活战胜了一切。我的儿女和成年孙辈申请了犹太身份，但他们与犹太社群的生活毫无关联。他们的大部分朋友不是犹太人。

我越来越确信同化是不可避免的，而且这也并非消极现象。无论是白人、黑人、棕色人种或黄色人种，任何人在地球上都有一席之地。我会强烈反对任何种族偏见，无论这种种族主义是来自犹太界还是非犹太界。我强烈反对犹太极端主义阶层使以色列国依附他们的宗教观的种种企图，强迫举办宗教婚礼和强迫在教士主持下埋葬在犹太公墓是令人无法忍受的。一言以蔽之，在我看来，政教不分的以色列是不正常的！

相反，我非常理解我的一些朋友的行动和举止。他们认为，积极推动犹太文化在以色列以外的地方延续下去是非常必要的。

因此，我与以色列，与那里发生的一切——光明与黑暗，欢

① 德尼·沙尔比（Denis Charbit），《崭新的古国》，巴黎，光芒出版社，2004年。

乐与悲伤，孤独与团结——紧密相关。1948 年以色列国宣布独立并得到国际社会承认后，我更是为之而奋斗。幸运的是，这个国家存在下来了，很多历经浩劫的幸存者在体验了地狱般的折磨后得以找到一个平静的港湾。

然而，我从未打算去以色列生活，尽管我有家人在以色利。我的国家是比利时。但是我是个犹太组织的成员，这个组织要求以色列是个有确定的和受承认的边境的国家，同时为创建一个巴勒斯坦国而奋斗，期望两个国家——以色列和巴勒斯坦——能一起和平生活。而且，我确信解决以巴冲突对以色列的存在和繁荣是至关重要的。

我是世俗犹太人中心的成员。我完全坚持该组织关于解决以巴冲突的立场。而且这个组织本着自由反省的精神组织了很多讲座、辩论会，以及其他反对种族主义的活动。我赞同这样做。通过该组织的介绍，我也成为欧洲呼吁理智犹太人组织（JCall）的成员；“这是欧洲的一个犹太压力集团，致力于发起一个强有力的欧洲运动，以便在以巴冲突中对双方施加影响，在以色列实现与巴勒斯坦人的和平[①]”。呼吁理智组织的另一个目标是：对以色列政府的政策问题重新设立健康而又富有建设意义的辩论的条件。实际上，所有的犹太人都早晚要面对这样的问题：流散在外并非以色列公民的犹太人，他们是否可以批评这个民主国家的主权决定。

① 博杜易·洛斯（Baudouis Loos），《为欧洲犹太人的和平呐喊》，《晚报》，2010 年 4 月 20 日。

比利时有很多犹太组织。从哲学和政治的角度来说，这些组织间的分歧有时很深刻，这些分歧又经常用很辛辣、无理的诅咒表达出来。有些组织对上述问题说“不”。而我却支持日内瓦大学政治学和国际关系教授勒内·斯沃克（René Swok）的看法：“每个人对以色列政策的这种批判眼光是合理合法的。世界各地的公民，包括流散在外的犹太人，都有权利甚至有义务对东耶路撒冷、约旦河西岸和戈兰高地的形势公开发表意见。对中东唯一的民主国家（以色列）应有的尊重在于不干涉它的主权①。”

很多年间，事实上是自解放以来，我一直是另外一个犹太组织——比利时犹太进步分子联盟——的成员。该联盟的前身是在1939年由一些反法西斯犹太人成立的犹太团结组织。让我深感遗憾的是，十几年来，在涉及以巴冲突的问题上，该组织并没有正确的立场。我不能忍受的是，在分析当今社会所遇到的诸多问题时，它总是表现出宗派主义倾向。我们的另一个分歧是：在庆祝华沙犹太人区暴动的一次示威游行中，比利时犹太进步分子联盟把这次纪念与比利时非法移民的斗争联系在一起。我根本不能理解这两种情形之间所建立的联系。

我知道，并非每个人都同意我的看法，但正如我特别欣赏的一个朋友罗歇·拉勒芒所说的那样：“战士与委身于宗教或政党的文书截然不同。他既不会讨好舆论的偏见也不会只热衷于引起轰动。社会赋予他自由，因此他也有责任竭尽所能、根据自己的价值判断明白无误地表达他的信念。他丝毫不会隐瞒自己的价值

① 《观点》，世俗犹太人中心的出版物，布鲁塞尔。

判断，并勇敢地加以解释[①]。”

我曾经到以色列参加一些促进和平大会，我也多次走遍这个国家，对它的发展印象深刻。从以色列回来，我心潮澎湃，心中的愿望更加坚定：和平最终将降临这个地区。

现在让我们回到中国和以色列的关系上。

1987 年至 1988 年，我的中国朋友开始要我帮助他们建立同以色列国的正常关系，期望未来两国能建立外交关系。我不敢妄称自己是一个选举意义上的政治家，我愿意为两国人民的接近、相互了解、交流生活经验、相互学习、共同创造历史做些事情。所以，从 1987 年到 1991 年，我竭尽全力促使一些以色列的代表团访问中国、中国的代表团访问以色列。踏上遥远旅程的是一些大学教授、新闻记者、政治家和艺术家。

1991 年，在我的提议下，由以色列共产党、工党和联合工党三个左派政党成员组成的代表团来到中国。带队的团长是以色列最有历史影响的人物之一——埃利亚夫（Aryeh Lova Eliav）。他身材高大，是议会议员、工党政治局成员、巴勒斯坦建国的支持者（随后他就去世了）。我的朋友、中联部负责人朱良接待了代表团。这次访问奏响了中以建交的序曲。1992 年 1 月 24 日，中国和以色列正式建立外交关系。

1989 年和 1990 年，纪念电影公司的迪亚娜·佩雷尔斯特恩

---

① 罗歇·拉勒芒，在布鲁塞尔自由大学的一次讲座。

（Diane Perelsztejn）执导了一部精彩的纪录片：《逃亡上海》。我为此贡献了力量。电影的主题值得一谈，故事非常感人知之者却不多：

面对法西斯的抬头和中欧对犹太人的种种迫害，居住在立陶宛的20多万德系犹太人于1939年决定离开当地。这些在立陶宛找到临时避难所的犹太人主要来自德国、奥地利、俄国、波兰和其他中欧地区[①]。但是到哪里去呢？他们开始寻找一个可能接纳他们的国家，而包括美国在内的西方国家早已决定在自己的国家限制犹太移民。

几经周折后，他们发现唯一不要求入境签证的国家就是中国。但是，去中国需要经过几个国家，其中包括苏联。怎么办呢？就在这时，奇迹出现了，而这个奇迹离不开一个名字：杉原千畦。1939年9月，他被任命为日本驻立陶宛第一任领事。面对包括米尔神学院[②]在内的犹太社群的恐慌，尽管日本和纳粹德国签有协议，杉原领事仍不顾本国政府的告诫，尽可能多地给寻找避难地的犹太人办理过境日本的签证。他很清楚这样会威胁到他的职业和家庭。出于纯粹的人道主义，他就这样拯救了很多犹太人的生命。

这些奇迹般幸存的人经莫斯科乘上穿越西伯利亚的火车。在美国犹太联合配给委员会（JOINT）[③]的帮助下，历经诸多磨难，在饱尝苏联反犹太的种种嘲讽后，他们最终来到了日本神户。战前住在神户的犹太人得以留下来，而后来者被遣送到被日本人占

---

① Mitteleuropa。
② 犹太教律法和法典研究中心。
③ 1914年，由美国犹太人创办，致力于帮助贫困犹太人。

领的上海虹口区。

日本人之所以允许这些犹太人安顿在中国，是因为他们有个靠犹太人开发满洲的计划，即河豚计划。早在30年代，日本帝国就已经准备好了该计划，目的就是将逃离纳粹欧洲的犹太难民安置在日本占领区。他们自称“对美国犹太人的资本，对东方国家犹太人的关系，对德国犹太人的科学能力”感兴趣。河豚计划一直束之高阁，何况新来的犹太人完全是一无所有。但他们终于来到了上海，并自由地呆到了1942年。在上海，他们继续自己的文化传统，组织政治俱乐部，创办神学院，并参与到了中国人的生活里。1942年末，在纳粹的干涉下，他们失去了自由，被关押在犹太隔离区。他们和那个时代的所有中国人一样忍饥挨饿，但从未受到中国人的虐待，而是恰恰相反。我想援引伊扎克·拉宾在上海摩西会堂——这个古老的犹太教堂已成为当地犹太人的历史博物馆——的题词为证据：“中国对犹太人的接纳是独一无二的人道主义行为，拯救了数千人的生命。”再没有比这更清楚的证据了。

1985年，杉原被授予国际义士称号。1963年，奥斯卡·辛德勒和劳尔·瓦伦堡也被授予国际义士称号。辛德勒是位德国工业家，他从纳粹魔掌中拯救了1100位犹太人。劳尔·瓦伦堡是第二次世界大战期间在布达佩斯履职的一位瑞典外交官，他给数万名犹太匈牙利人签发临时护照免受纳粹的流放。

这就是迪亚娜·佩雷尔斯特恩拍摄的这部纪录片的主题。她陪同这次大逃亡的幸存者回到了上海，并对他们进行了采访。

1992年1月24日，中国和以色列建立外交关系。

1995年11月4日，伊扎克·拉宾被卑鄙地暗杀了。我那时正好在北京，我前往以色列驻华大使馆，并在吊唁簿上签名。

2000年，中国国家主席访问以色列。在以后的几年里，三位以色列总统到中国访问。

从此，以色列和中国的各种性质的交流开始增多。最让中国人感兴趣的是以色列沙漠农业所取得的成果。在我的朋友居伊·斯皮塔埃尔的陪同下，我曾有机会在新疆参观了采用以色列技术的农业中心。

早在中国和以色列建交以前，犹太教就已传入中国。我对中国的犹太人非常感兴趣，但鲜有人知道这段历史。为了追寻犹太人的足迹，我还去过开封。这个城市位于中国的中心。

（美国辛辛那提）希伯来协和学院现存的文献可以部分地描述居住在开封的不足300个家庭的犹太社群的生活。开封的一些石碑证明公元1世纪犹太人就来到了这里。唐朝（618–907）时，犹太人在广州的存在更明显，在这个南方的大港口也聚集着阿拉伯和波斯商人。

公元1100年左右，大概来自也门的一群犹太商人来到了开封。建于1163年的犹太教堂毁于19世纪的一场洪水。明朝（1368–1644）时期，犹太社群总计有5000多人。随后犹太社群开始没落，其最后一位教士卒于1800年。20世纪初，还有一百多个中国人自称是犹太后裔。中国古代的皇帝赐予中国的犹太人七个姓氏，即李、艾、石、高、金、张和周。

如今，一些研究人员和旅游者建议在内地恢复这个族群。

但是，并非只有开封有犹太社群定居。上海的犹太人历史同样、甚至更加引人入胜。19 世纪下半叶，定居在孟买的伊拉克犹太人，即巴格达塞伐哈德犹太人来到上海，揭开了犹太人定居中国的序幕。正如贝尔纳·布里泽（Bernard Brizay）在一部名叫《上海，东方的巴黎》[①] 的翔实著作中所讲述的那样，这些犹太人将为上海的历史添彩。维克多·沙逊（Victor Sasson）爵士是其中的佼佼者，他在上海建成了著名的华懋饭店，该饭店于 1949 年更名为和平饭店。我曾多次下榻这座新建筑艺术的殿堂。沙逊爵士还通过棉花和其他产品（包括鸦片）的贸易积累了雄厚的财富。

此后，犹太人接踵而至。20 世纪初，一些人主动离开沙皇俄国，另外一些人则为躲避沙皇对犹太人的迫害或“在尼古拉二世的诱导下来到西伯利亚和满洲，以替俄国开发从中国攫取的土地为代价换取宗教自由[②] 。”还有一些人在布尔什维克革命后离开俄国。我们都看到了，当纳粹主义在欧洲甚嚣尘上时，上海成为众多犹太人唯一的和平港湾。

1904 年，香港总督是一位名叫马太·弥敦（Nathan Matthew）的犹太裔英国人。1842 年，鸦片战争结束，中英签订了《南京条约》。从此，香港被英国侵占。

以上就是我所了解的犹太人在中国的历史。

---

① 巴黎，皮格马利翁（弗拉马里翁）出版社，2010 年。
② 布鲁诺·菲利普（Bruno Philip），“上海的犹太时期”，《世界报》，2010 年 5 月 8 日。

16. 我对文化情有独钟

以史为鉴，可以知兴替。

罗贝尔·盖迪吉昂（Robert GUEDIGUIAN）采访录，

《一切属于我们！》周刊，2009 年 9 月 23 和 24 日。

自从 1963 年创立苏德新公司以来，我就一直对中国和比利时之间的文化关系深表担忧，因为文化发展和经济发展是相互关联的。事实上，已经于 2007 年 3 月生效的《联合国教科文组织关于保护和促进文化表达多样性公约》重申了文化和经济发展相互关联的重要性。该公约第二条第五款甚至提出了“没有文化的发展就没有经济的发展”。

正因为如此，自 1957 年以来，我一直致力于这方面的努力。首先是在比中友协内部，然后是和比中文化中心的朋友们一起努力。更笼统地讲，我是和所有在比利时推广中国文化和文明的那些人一起努力的。

我们举办过一些可以聚集几十人的小型展览会，也举办过一些可以吸引数万好奇者的大型展览会。比如于 1984 年在罗吉尔中心举办的以理想之家为主题的中国城乡家庭装修趋势展览会（有 10 万人参观），还有在海瑟尔体育场举办的古今中国文化展览会（有 30 万人参观）。这两次展览会的主办方都是比中商会。我还可以列举出由埃迪特·沃尔卡尔特（Edith Volckaert）和让－克洛德·范登恩德（Jean-Claude Van den Eynde）在弗拉热广场音乐厅举办的音乐会，以及 1992 年在美术馆室内音乐厅由埃里克·勒德汉德勒指挥的新音乐乐队演奏的音乐会。为庆祝中华人民共和国成立五十周年，我的儿子埃里克还在皇家音乐学院指挥过一场音乐会，这一次他是同比中经贸委员会合作。再比如 1993 年比中商会发起的“中国的经济发展”研讨会。特别值得一提的是，中国社会科学院的部分教授出席了这次研讨会。当时的比利时外交部长维利·克拉斯也出席了这次研讨会，并在研讨会闭幕式上发表了讲话。更不用说我以各种方式资助过的许多活动。我资助过一些文化馆，一些公共机构（欧洲联盟、国会的外事委员会等等）和一些私营机构（服务社、互助兄弟会、国际助残组织、无国界医生组织以及其他的人道主义组织）。这样的文化活动构成了今日文化和科技交流的基石。当然，这些活动都带有官方色彩。

同时也有许多广播电视节目专门对中国进行报道，比如安德烈·于埃的“中国探秘”和法国电视 3 台的“埃尔热的朋友张充仁的一生”，以及比利时法语广播电视台第一套节目播出的热拉尔·瓦莱“视点”。当然也不能忘记 1987 年组织的布鲁塞尔—北京火车探险游[①]，这次探险游共有 3112 人报名，所有筹备会议和由报名人提交的 750 项游览计划的筛选工作都是在比中商会总部进行的。这是两国建交后比利时青年和中国青年的第一次大规模接触。

最后，依据“百闻不如一见”的原则，我参与了到中国去旅游的宣传和推广工作。我还参与了首批比利时和中国对等实体互结友好关系的工作，中国的湖南省和福建省率先同比利时的艾诺省和列日省结为姐妹省份。

这一切在今天看来都是再平常不过的事情。来自各方面的创意越来越多，我为此感到由衷的高兴。2009 年欧罗巴利亚－中国艺术节所取得的成就仍然记忆犹新。在其财政能力许可的范围内，瓦隆－布鲁塞尔联邦现任文化部长制定了一系列同中国进行文化交流的项目。但是她并不是从零开始的，因为早在上世纪 50 年代，比利时文化界的许多人士就参与了这些交流。对他们敢为人先的举动，我在这里表示敬意：比利时艺术文化协会的皮埃尔・阿蒂，美术馆的保罗・威廉斯，皇家铸币局剧院的莫里斯・于斯曼斯，柏洛娜女神剧场的塞尔日・克勒茨（Serge Creuz），20 世纪芭蕾舞团的塔尼亚・巴里，让－路易・吕克桑，作曲家和演奏家马塞尔・波特，雕刻家菲利克斯・鲁兰，比利时法语广播电视台的热拉尔・瓦莱，还有 R・德克斯教授，L・范登德里施（L. Vandendriessche）教授，J・特拉斯特（J. Traest）教授，P・弗兰芩教授，S・普拉夏艾尔特

---

① 这是比利时青年乘坐火车去中国进行的一次游览。参加游览的青年是根据体育、文化或科技项目而进行筛选的。

（S. Plasschaert）教授，K·德·梅尔雷尔（K. De Meirleer）教授，J·–P·皮芒斯（Peemans）教授，J·尼弘（J. Nihon）教授，等等。他们都是我的朋友，我们一致认为有必要加深新中国和比利时的文化交流。

除了因对中国感兴趣而组织这些文化活动以外，我还是一个戏剧爱好者。特别重要的是，我是公共剧院之友协会的主席。该剧院在这欧洲之都里显得有点儿像一座稀少的人文主义小岛。剧院的三个剧场向观众奉献的每一部剧目都将新颖的生活与浪漫主义情节完美地结合在一起。该剧院以生活为对象，以理性为手段，以幸福为目的。简而言之，这种人道主义就是不厌其烦地重复这样的道理：与其心惊胆战地等待还不如抓住时机进行创新，绝望是不被允许的。我对米歇尔·卡森纳伦勃根（Michel Kacenelenbogen）及其夫人帕特里夏极为尊重，因为他们具有超常的敬业精神。

同时我还是布鲁塞尔美术馆的一名董事。我经常出席由美术馆组织的音乐会，参加由其组织的文化之旅。这样我就有机会结交更多的朋友，拓展我的思维空间，使自己免于陷于一种偏执之中，免于只能看到中国。

17. 比中经贸委员会

研究中国就是研究智慧。

阿梅莉·诺东，《饥饿传》，阿尔宾·米歇尔出版社，2004 年。

1997 年 11 月，在我第 60 次到中国旅行之际，中国国际贸易促进委员会和外国企业服务总公司为我和夫人在北京举办了招待会。出席招待会的有中国贵宾和比利时驻华大使万德斯（G. Van Duyse-Adam）。我们在机场受到了热烈欢迎，我都有些不习惯——一组车队特意为我们保驾护航，直到下榻的宾馆，并且受到副总理兼外贸部长李岚清的接见。这让我懂得了谦虚，正如孔夫子所言："不患人之不知己，患不能也。"

同年 7 月 1 日，香港，这个"香气四溢的海港"在被英国占领 150 年后回到了祖国的怀抱，成为中华人民共和国的第一个特别行政区。香港因为拥有特别行政区的身份，便可以保留其法制、货币、政治制度，参加国际比赛的运动队和移民法。这样就保障其拥有广泛的自治权，直到 2047 年，也就是主权移交 50 年以后。自此，香港便遵从“一国两制”的原则。这一原则为 1999 年澳门回归祖国树立了榜样，这也将有利于台湾问题的解决。

我已经说过，1957 年，为创立在比中友协内部运行的比中经贸委员会，我是多么地殚精竭虑。该委员会的明确目标就是促进比中两国的经贸关系。1963 年，创立苏德新比中贸易公司的目的就是在为比利时企业和别国企业提供工作机会的同时，与中国做生意并参与中国的发展。该公司发展很快，营业额不断攀升。

比中友协在其章程框架内组织两国互派代表团，组织一些讲座、展览、研讨会和访问报告会，等等。至于我的公司，由于我和经济界、商界、政界有良好的关系，它一直发展很快，但它和比中友协没有任何业务关系。

请记住，在这一时期，中国在国际舞台上是完全孤立的：美国对中国进行外交、经济、贸易和文化上的封锁。大多数西欧国家也对中国采取相同的政策。因此，比中友协和比中经贸委员会尽最大的努力冲破这种封锁是完全有必要的，也是有益的。我一直支持比中友协的行动，不仅给她提意见、出主意，而且也给以极大的财力支持。事实上，准确地讲，直到 1988 年，比中友协和比中经贸委员会没有享受过任何政府津贴。它们之所以能够生存下来全靠会员的会费和社会捐助。

大家都知道，1971 年，中华人民共和国恢复了其联合国安理会常任理事国的合法席位。许多欧洲国家，包括比利时顺应了这一潮流，同中国建立了外交关系。

鉴于此，比中友协经贸委员会将改变其结构和目标。于是就出现了分歧：一部分人认为应该将其政治化，另一部分人则希望保留其在经济、贸易和财政方面的带头作用。我们已经提到过这一艰难的时刻。1995 年，我是比中经贸委员会，即“比中商会”的副会长，我以这种身份出席政府联合委员会的会议。会议涉及比利时 – 卢森堡经济联盟和中国之间的经济、工业和科技合作。欧盟委员会指定比中经贸委员会为 1995 年 10 月“欧洲 – 中国贸易论坛”的主办方。

2004 年，新的危机出现了。9 月，比利时政府决定限制给予各个商会的津贴。这是当时的预算部长约翰·范德拉诺特告诉我们的。

就是在这个时候，（成立于 1987 年的）比中经贸委员会董事会的一名成员突发奇想，在该委员会主要领导人不知情的情况下，创办了弗拉芒商会。这个区域性商会很快就变成了我们这个全国性商会的竞争对手。这位应对分裂负责的人成功地对比利时北部的几家大公司施加影响。于是比利时就同时出现了两个商会，它们的宗旨都是推动我们国家和中国的经贸关系。这是一个两败俱伤的局面。

我非常理解，今天的比利时有必要组建新的机构，我对同时存在三个比利时外贸促进机构毫无异议。但是具体到我们的机构，我认为这种局面不利于我们各自有效地开展工作：当中国代表团来到比利时以后，两个商会分别组织研讨会和情况通报会；中国客人出于礼貌，从一家商会到另一家商会进行拜访；当一家商会举办活动时，另一家却毫不知情。在中国，布鲁塞尔作为欧盟总部所在地，比瓦隆或弗兰德斯更具知名度。因此，比利时最好作为一个整体而出现。

2002年5月，在庆祝中国国际贸易促进委员会成立50周年之际，我再次应邀来到中国。庆祝活动结束后，我和伯纳德·德威特先生应邀去上海游览。伯纳德·德威特自1996年以来一直担任比中经贸委员会主席。上海是引领中国经济改革的先驱城市，当时正考虑在这里举办2010年世博会[①]。

伯纳德·德威特是我最为敬重的一位朋友。为发展比中关系，他主动采取多项措施：写文章、办讲座、发表演讲、在广播和电视上发表讲话。由里弗·彼得斯（Lieve Peeters）领导的比中经贸委员会《通讯》用中英两种文字提供准确的信息，涉及比利时和中国经济代表团、商业机遇、有用的地址，等等。简而言之，这是一个在商界具有极高口碑的、工作上用得着的好工具。

比中经贸委员会举办各种活动，每项活动都具有极强的针对性。活动包括举办讲座，召开讨论会、研讨会、代表会议，组织招待会、比利时商人和中国商人的见面会，以及代表团的组建和陪同工作。比中经贸委员会还在四川省省会成都设有办事处。

中国国际贸易促进委员会主任万季飞于2012年3月向伯纳德·德威特宣布：“比中经贸委员会自创办25年以来，一直致力于推动中国和比利时两国在贸易、技术交流和服务领域的合作，为我们两国经贸关系的健康发展做出了巨大贡献[②]。”

---

① 离开上海，我们前往西安。西安的字面意思就是“西部平安”。公元前221年，第一个威严的皇帝秦始皇统一了中国，这里是第一个首都，当时取名长安。随后，我们参观了兰州，这里在几个世纪以前曾经是丝绸之路上的一个大型中转中心。最后一站，但并非最不重要的一站，我们到了敦煌，参观了莫高窟。这是一个令人眼花缭乱的寺院群，佛教、景教和伊斯兰教都是经这里传入中国的。

② 《通讯》，2012年3月。

18. 从记忆走向希望

有人问周恩来："你怎么看法国大革命对法国的影响？"
周恩来答道："现在表态，为时过早"。

让·阿劳德，"法国大革命和玻利维亚大革命"，
《大晚报——非主流信息战斗报》，巴黎，2010年7月31日。

追忆历史事件就是提醒我们，记忆不能"消亡而成为博物馆的展品"，就如同"随着事件的证人和当事人的离世，记忆传递终止"一样；记忆应当"既活跃又深刻"；"记忆应当首先为现在服务"。这是电影《浩劫》的导演克劳德·朗兹曼的一段话。《浩劫》是一部片长9小时30分钟的纪录片，描述的是欧洲犹太人在纳粹集中营惨遭屠杀的场面，1985年首次上映。克劳德·朗兹曼认为："一个失去记忆的民族，今天会平淡无奇，明天更会充满变数。"

2007年，我第二次在洛杉矶遇到了我的堂兄纳唐。这次相遇让我陷入了对往事的回忆。纳唐比我年长10岁。19岁时，他被押

送到奥斯维辛集中营。那时他是一名学习裁剪衣服的学徒，因纳粹对犯人一进入集中营就进行挑选，所以他就谎称自己是木匠。这句谎话救了他一条命，因为德国人正需要木匠。解放以后，在鲁普广场为奥斯维辛集中营归来者专设了一家接待站。

1945 年四五月间，我第一次在那里看到了他。他瘦瘦的，头上没有一根头发，身上一无所有。

我自己算不上很富有，但却很幸运，拥有一个可以睡觉的家。即便是一个狭小的两居室，我却可以靠近母亲，在地板上放一个床垫。我母亲照顾哥哥和我。我最小的弟弟和姐姐却生活在慈善机构里，这只是因为家里没有足够的地方可以同时让他们和我们一起居住。尽管我们都很贫穷，我还是塞给他一张 20 法郎的钞票。数目不大，但他却感激我一辈子。囚徒生活结束后，一回到家，纳唐重操旧业当起了裁缝，并娶埃斯特尔为妻。1954 年我结婚时，因买不起西服，是他给我制作的。他只收了我的衣服料子钱。

但是纳唐却总是被战争和集中营的恶梦所折磨。他甚至忍受不了在欧洲生活，因为那个让他受尽各种苦难的德国近在咫尺。他希望与妻子和儿子米歇尔一起移居到美国。他在那里开了好几个服装加工店，生意相当不错。他的成就远不止这些。重要的是，有人请他在美国的学校里讲述纳粹主义、法西斯主义和种族主义的不人道行径，描述他所经历的惨状，以警惕它们死灰复燃。纳唐于 2012 年去世。

让我们回到 2003 年的事件吧。在本书的开卷部分，我谈到了我的儿时生活：为免遭纳粹的野蛮迫害，有人将我藏匿起来。在拍摄纪录片《简单环节》时，我应邀出来作证。影片描述了神奇女人安德烈·热兰的非凡历程。她冒着生命危险，把我和其他几百名犹太儿童藏起来，让我们躲过一劫。

利用这次机会，我结识了电影导演、记者和比利时法语广播电视台《比利时风雨岁月》节目负责人贝尔纳·波涛。很快，我们就有了交情。有一天，阳光灿烂，他告诉我他打算拍一部大约10分钟的短片，让我讲述我与中国的故事。15天以后，贝尔纳·波涛通知我，他已经和领导谈了他的计划，并且得到许可，可以拍一部专门介绍中国的纪录片。他建议以我的讲述作为这部影片的主线①。于是我又开始了一次新的旅程。

2003年3月，我动身前往中国。陪同我的是一个团队，他们是节目负责人贝尔纳·波涛和弗雷德里克·杜蒙、制片人安尼克·美因茨、摄像师弗雷德里克·里什和录音师文森特·萨默斯。我们在北京会合。与此同时，在离我们团队几步之遥的地方，聚集着第十届全国人大代表。他们正在见证中国第三代领导人向第四代领导人“平稳”移交权力② 的过程。这里有必要提醒一下，中国的国土面积是欧盟27国国土面积的2.5倍，人口接近欧盟的3倍。这些数字说明那些领导这个国家发展的人所承担的任务是多么繁重。再加上这个国家由56个民族组成，其中55个为少数民族，

① 该报道于2003年5月29日星期四首播，5月31日重播。其公告中有这么几句话：“他的觉醒震惊了世界。然而宣布这一觉醒并不为过。……从‘黄祸’到毛泽东的红宝书，再到1976年的天安门事件，中国总是既让西方着迷又让西方担忧。今天，这个拥有2200年历史的国家，有13亿人口，每年经济增长8%，以第三个千年巨人的形象屹立于世界……贝尔纳·波涛和弗雷德里克·杜蒙选择了一位比利时商人的历程作为本次节目的“红线”。这位商人是第一批搭建桥梁同毛泽东领导下的中国打交道的人之一。他名叫亨利·勒德汉德勒。当他第一次前往毛泽东领导下的中国时，他还是一名年轻的共产主义战士。那是1955年的事情……从此以后，他一共去过中国63次，时间或长或短。他在中国开展活动的同时，也目睹了中国的变迁。”

② 《中国日报》。

他们的语言、风俗习惯、信仰、需求和期望不尽相同，但同时又共同拥有很深的归属感和同是千年文化继承人的自豪感，这样就可以衡量上述任务是何等复杂、何等艰巨。当我们看到欧盟内部各种语言都大行其道但又很难将它们协调起来时，再想一想围绕起草欧盟宪法而引发的辩论，我们就不得不把兴趣转向中国机构的运行模式。

当年全国人大由2985名代表组成。据2003年3月3日的《文汇报》(国际版)报道，其成员组成情况大致如下：首先是干部和各省负责人；其次是知识分子、高校和研究机构的领导、国营企业和私营企业的工人、村民委员会的农民、民主党派成员和无党派人士；再次是少数民族、军队、归国华侨，香港、台湾和澳门代表。这些代表的意见分歧很大，辩论很激烈。

但是这次大会所做出的主要决定是什么？依据《宪法》规定，电气工程师出身的江泽民，作为国家主席在两届任期(1993年–2003年)之后，应让出国家主席的位子。胡锦涛接替江泽民担任国家主席，温家宝接替朱镕基担任总理。在中国，国家主席不能自动连任，总理也不是没有权力的空壳。

其次，全国人大进一步表明要继续贯彻2002年以来确立的路线方针：调整经济结构，特别是逐步撤并亏损的国营企业，经济发展同世贸组织主导的国际环境相适应，缩小社会不公，实现法律框架和体制框架的现代化，建立协商机制，而不是任何苏联式的社会制度。社会稳定压倒一切，丝毫不能放松。在一次面向外国记者的新闻发布会上，胡锦涛主席是这样概括他的使命的：“你们知道，每天早上我一起床，就要处理一个很大的问题：我要解决 13 亿中国人的吃饭问题[①] 。”

而我们当时就在市中心的天安门广场上。历史上这里曾发生过许多喜事，也发生过许多伤心的事。

为完成对我的中国之行的报道工作，我们获得了各种可能的和想象得到的便利。我甚至获赠一枚胸卡，这样就可以在人民大会堂的走廊里行走，旁听在大礼堂里举行的辩论会。

影片的时长应该为 56 分钟。为实现目标，应有 12 天的工作时间，其中拍摄需要 11 个小时。有时我感到自己进入了演员的角色，我感到很开心。这改变了我通常的角色，我不再是一名在两个世界之间徘徊的商人。正如爱因斯坦的字谜所说的：“一切皆可改变”。

一场音乐会为我们的中国之行画上了圆满的句号。音乐会由中国国家交响乐团演奏，由我的儿子埃里克执棒。

温家宝总理上任后不久，于 2004 年访问了比利时。在欧洲之都逗留期间，他提出了四条建议，以便促进中比关系：保持高水平的互访，以便加深中比关系；尤其是在双边问题和多边问题上要加强对话和协商，扩大合作；建立经贸合作伙伴关系，中国鼓励商人来华投资，主要领域为农业、环境保护、高科技和能源；扩大诸如教育、科技和卫生领域的合作。

2003 年，中比两国之间的贸易额仅为 67 亿美元，只占欧洲国家和中国贸易总量的 5%，因此这些建议显得很有必要。

---

① 文森特·海恩，《云之东》，巴黎，阿尔雷阿出版社口袋书，2011 年。

中国总理在比之行收获颇丰，签署了一系列的协定[①]。

同年，比利时高等汉学院（IBHEC）庆祝建院 75 周年。该院院长为荣誉大使克莱尔·基尔申。从成立之初，该院就把“推动中华文明在各方面的研究[②]”作为自己的使命。在其发展过程中，比利时高等汉学院主要开展三方面的活动：建立汉学图书馆；开展教育活动，比如授课和举办讲座；不定期出版《中国文化和佛教文化的相互影响》丛书。

让我们回顾一下促使比利时高等汉学院成立的重大事件。1894 年到 1895 年，中日之间爆发了甲午战争，最后以中国的失败而告终。日本强迫中国签订了《马关条约》。通过该条约，日本割占台湾全岛及其附属岛屿，包括钓鱼岛。中国驻布鲁塞尔大使廖力强在《晚报》上发表了一份题为“为什么钓鱼岛属于中国？”[③] 的全权委托书，表达了自己的感情。他说：“为了创造未来，就应该铭记历史。日本在历史上多次入侵中国。19 世纪末，日本发动了中日甲午战争，窃取了中国的钓鱼岛。第一次世界大战以后，日本强行夺得中国的山东省。1931 年，日本入侵中国的东三省，1937 年发动了全面侵华战争，屠杀了三千五百万中国人，给中国人民和亚洲人民造成了深重的灾难[④]。”

1900 年，义和团集结成秘密团体。他们既反对洋人，也反对文人们倡导的“百日维新”和清政府。他们攻击清政府和外国使馆。

---

① 这些协定主要涉及海运、经济、工业和科技领域的合作，发放政府贷款，投资保护，避免双重征税，司法援助，商标注册和文化交流。

② 《中国日报》。

③ 发表在《晚报》上的全权委托书，2012 年 11 月。

④ 同上。

这就是“北京55天”事件，最终以中国失败，以奥匈帝国、法国、英国、美国、意大利、日本、俄国和德国组成的八国联军的胜利而告终。战败之后，作为战争赔款，中国被迫分39年向外国列强支付白银四亿五千万两。这笔巨额款项的一部分付给了比利时政府，但其在北京的使馆却遭到义和团的洗劫，并付之一炬。这笔钱后来用于中比之间的一些教育项目，包括建立比利时高等汉学院。

这一切提醒我们，在19世纪，中国正在全面走向没落，而占主导地位的西方却在全面走向扩张。今天，情况大不相同了。马丁·雅克是伦敦经济学院亚洲研究中心的研究员，同时兼任好几个报社（《星期日泰晤士报》、《独立报》、《卫报》和《新政治家》）的编辑。2009年，他发表了一篇题为《当中国统治世界——西方世界的终结和全球新秩序的诞生》的著作，立即引起轰动。他写道：“在二百多年的时间里，我们一直生活在一个由西方人造就的世界里。在这个世界里，现代化简直就是西方的代名词。随着越来越强大的非西方国家的涌现，21世纪将是另一番景象。西方将不再主宰世界，将有好几种道路都可以通达现代化。在这个新世纪里争论‘现代化’这一概念，中国将成为主角。”

因此，我们必须彻底改变对中国的思维定势。这是一项艰巨的任务，因为我们很难接受这样的事实：这个世界越来越被新兴国家、金砖五国（巴西、俄罗斯、印度、中国和南非）所主宰。此外，我们经常错误地认为中国将效仿西方。中国向西方学到了很多东西，但是中国与西方不同。如果说中国的发展部分地依赖于世界技术和工业的发展，那我们却忘记了提及她的历史和文化。

◁ 1978 年，同中国小姑娘在一起。

△ 1978 年，我陪同一个中国代表团到贝卡尔特公司参观。我是该公司的独家代理。

▷ 1978 年，中国驻比利时大使、塞尔日·佩鲁与中国运动员。

▷在比利时法语广播电视台记者热拉尔·瓦莱、塞尔日·佩鲁和我本人的帮助下，曾建议他的朋友埃尔热在《蓝莲花》和《丁丁在西藏》中塑造张这个人物的张充仁于 1981 年重返比利时。

▷ 1983 年，我在北京饭店举行的苏德新成立 20 周年庆典上发言。

◁ 1990 年， 布鲁塞尔。我与中国大使刘山。

◁ 1993 年， 我与 8 月刚登基的阿尔贝二世国王热烈讨论。

◁ 20 世纪 90 年代，布鲁塞尔皇家钱币歌剧院苏威公司周年纪念会，我与莱奥·廷德曼斯在一起。

△ 1996 年，安德烈·克罗凯（André Croquet）出席为菲利普亲王率领的代表团举办的招待会。

▷ 1997 年，在安德烈·热兰的陪伴下，我怀着激动的心情回到二战期间的藏匿地——位于居代萨尔的菲利普城堡。

◁ 1997 年，我与中国副总理兼对外经济贸易部部长李岚清。

◁ 1999 年，我在中华人民共和国成立 50 周年的庆典上。

◁ 2001 年，我与中国驻欧盟大使兼驻比利时大使关呈远及其夫人。

▷ 2004 年，我与中国商务部前部长石广生。

▷ 2005 年，居伊·斯皮塔埃尔与我走遍新疆。我们在新疆维吾尔自治区首府乌鲁木齐受到接待。

▷ 2007 年，在耶路撒冷亚德瓦谢姆大屠杀纪念堂，我向二战中的遇难者表示悼念。

◁ 2007 年，在亚德瓦谢姆我与安德烈·热兰。第二次世界大战期间，她把我藏起来救了我的命。

△ 2009 年，我和米歇尔·卡森纳伦勃根在一起。1994 年，他与夫人帕特里夏共同创立了公共剧场。

◁ 2007 年，被藏匿儿童聚会时，我把安德烈·热兰拥入怀中。

▷ 2008 年，我与比利时中国经贸理事会主席贝尔纳·德维特以及中国贸促会会长万季飞。

◁ 2009 年，为庆祝中华人民共和国成立 60 周年，我的儿子埃里克在布鲁塞尔皇家音乐学院指挥了一场音乐会。音乐会结束后，我向范龙佩致意。

△ 在 2010 年中国新春招待会上，我与比中经贸委员会主席贝尔纳・德威特及迪迪埃・雷德尔斯。

△ 2011 年，在庆祝帕特里克・诺东男爵 75 岁生日聚会上，我与阿梅莉・诺东。1973 年，帕特里克・诺东男爵任比利时驻中国大使馆代办。

▷ 2012 年，我与老朋友、中共中央对外联络部原部长朱良。

▽ 我的儿子埃里克。

李约瑟是最受尊重的汉学家之一，他创作了巨著《中华科学文明史》。这部百科全书式的著作从1980年9月起由内森·希文在剑桥出版。作者在书中写道："今天西方在科学发现和技术进步上拥有霸权，但是超过半数的科学发现和技术进步却源自中国。欧洲只是将它们引进到了欧洲或者重新发现了它们。"2008年12月18日，胡锦涛在纪念中共十一届三中全会召开三十周年大会上强调："我们需要借鉴人类政治文明有益成果，但绝不照搬西方政治制度模式。"

几个世纪以来，西方人企图将"人道"一词据为己有，他们打着"人道"的旗号编制了多少谎言，虚构了多少事实。我甚至可以将我的所见所闻写成一部笑话集，以揭露那些针对中国的荒唐言行。然而，有些人无视新闻工作者的职业道德，尽管事实已经证明他们是错误的，他们却继续把自己装扮成可以预言灾难的人。他们不停地辱骂那些对中国略有了解的人和那些与他们意见相左的人。我本人就曾经受到过这样的攻击。我本来很生气，打算采取法律行动。但是我不想给这些笑料里再增添"令人难以忍受的哑剧[①]"了。因为要证明我的观点，我得"反复权衡是否影响我的生活，是否有损于我的友谊，是否要费许多口舌[②]"。还是算了吧！

另外一些人则很诚实。尽管在某些对外政策问题上我同亚历山大·阿德勒的观点不同，我却（略有保留地）赞同他的专栏文章《为中国辩护》。该文于2009年12月27日发表在《费加罗报》上。"现在研究一下根本性的问题吧。自从1978年底邓小平发起了一场真

① 塞尔日·朱利，参见《解放报》。
② 同上。

正的革命以来，中国生活在贫困线以下的人口在 1980 年前后占总人口的三分之二，今天减少到占总人口的三分之一。中国因此为人类做出了巨大贡献。取得这样的成就是多种因素相结合的产物，这其中就包括注重实效的市场经济所产生的立竿见影的效果；共产党多年来不断地解放思想，淡化意识形态问题，因而带来了政治上的稳定；还有散居在世界各地、再次全身心地投入到‘中国项目’中的华人所具备的出色的创意技能。当然，共和国公民是他们国家经济超速增长的最初受益者。但是，这种无可比拟的发展对邻国所产生的益处是巨大的（……），最近几年还使整个世界经济受益（……）。因此，每个人都享受到了中国经济增长所带来的好处。这就如同海水涨潮，水涨船高（……）。中国不仅会模仿，而且还会创新，还会超越。因此，还是多一点信任吧。”

大家还是相信我所说的话吧！我可不想大家把我当作兜售幻想的商人。同所有的国家一样，中国社会也存在一些让人不满、让人失望的问题。中国人自己也是大谈特谈他们发展进程中出现的各种问题。政府部门也是经常列举这些问题。温家宝总理在全国人大 2012 年春季年会上指出：“收入分配不公以及贪污腐败，足以影响社会的稳定。”2012 年 11 月 8 日，胡锦涛在中国共产党第十八次全国代表大会上的报告中，在谈到反腐倡廉问题时，他甚至发出了这样的呼声，这个问题解决不好，政权的性质就可能改变，就会“人亡政息”。如果不信，你可以查阅全新改版的《中国日报》，每个人都可以在报摊买到。

正是由于抱有坚定的决心，我才投入到新的、引人入胜的旅程之中。

19. 与居伊·斯皮塔埃尔一起去新疆

不会陈述时，揭露就会苍白无力。

埃德加·莫兰，《新基金》杂志，2006年8月第3期

20世纪90年代，有人把我介绍给居伊·斯皮塔埃尔，他当时是瓦隆政府的总统兼部长，而我在我的职责范围内，在科克里尔公司同中国打交道时，则代表该公司的利益。此后，我们多次见面，尤其是在开会和出席由世俗犹太人中心组织的活动上，我一直支持该中心的行动。我知道，他的人格受某些人的推崇，但同时也受另一些人的诋毁。我自己感到他是一个异常聪明、头脑异常清晰、文化功底很深的人，是一个政治经验丰富、无人可以替代的人。

阅读居伊·斯皮塔埃尔的文章，人们可以得出这样的结论：对他来说，西方国家并没有给予中国在国际舞台上应有的地位，人们对中国的外交通常知之甚少。因此，我认为，在全球遭遇危机的时刻，他再度访问这个国家很有必要，甚至很重要。

因此，我建议中共中央对外联络部和中国外交部邀请他访华。就这样，2005 年 10 月 25 日，即我第一次访华 50 年之后，我们又踏上赴北京的征程，以便开启一段引人入胜的旅程，因为旅途中我们将经过全球最敏感的地区之一——新疆。更确切地说，是新疆维吾尔自治区。

接待我们的有中联部副部长张志军，外交部欧亚司司长周力，全国人大常委会副委员长成思危，中国社会科学院民族学与人类学研究所、中国伊斯兰教协会，以及许多汉族和维吾尔族朋友。我们的游览路线是吐鲁番、乌鲁木齐和喀什。我们拜访了当地的几个家庭。由于这一地区的土地经常被沙土掩埋，并且遭受沙化之苦，我们特意去一家专门治理这些灾害的治理站参观他们的治理工程，他们为此挖了 16 万口井。自治区的一位负责人花了很长时间，给我们谈论国家的能源政策，特别是与荷兰合作兴建世界上最大的风电场。

新疆的面积约为166万平方公里，占中国国土面积的六分之一。人口大部分是讲突厥语的维吾尔族，但同时还有其他的中亚民族，如哈萨克族、吉尔吉斯族、塔塔尔族、乌孜别克族和塔吉克族。总人口大约有 2000 万。

新疆的战略位置很重要。在 9 世纪海上丝绸之路开通之前，中国和中亚国家的交往主要是通过一条贯穿新疆的陆路。因此，自公元前 2 世纪开始，这一地区就纳入到中国的版图。中国历代皇帝都试图在这里确保他们的统治权。1949 年，新疆成为中华人民共和国的组成部分。1955 年，新疆获取了自治区的身份，首府是乌鲁木齐。

新疆不仅是一条经铁路，不久将经高速公路，连通西方的大通道，而且这一地区石油、天然气、铀、铜、煤和稀土的储量异常丰富。自古以来，中国的邻国，尤其是俄国对新疆垂涎三尺。

从中国最大的沙漠塔克拉玛干沙漠，再到天山山脉和帕米尔高原，新疆的气候和自然景观反差极大，景色很优美，吸引着越来越多的中外游客。还有喀什，它是中亚地区最大的市场，来自8个邻国（蒙古、俄罗斯、哈萨克斯坦、吉尔吉斯斯坦、塔吉克斯坦、阿富汗、巴基斯坦和印控喀什米尔）的产品可以在这里进行交易。

维吾尔族主要信奉伊斯兰教。与汉族的文化差异时不时地引发一些冲突和骚乱，这是由部分“投向阿富汗的塔利班阵营并受过专门训练的维吾尔族人①”煽动的。根据这位前社会党部长的说法：“信奉伊斯兰教似乎是自由的。高级神职人员经常光顾伊斯兰教经学院，每年有数万教徒乘飞机前往麦加朝拜（……）。女人头戴面纱，身披披风，既可以穿长裤，也可以穿裙子；男人可以随意戴无边圆帽（……）。总而言之，我在新疆逗留了一个星期，既没有遇到武装警察，更没有遇到军队。无论是在首府乌鲁木齐，还是在喀什，或者在吐鲁番，没有一台设备由军队看守，甚至连离乌鲁木齐不远、拥有260台风力发动机的巨大风电厂也是如此。然而，从蒙古到印度这几千公里的边境线上该有多少潜在的边防漏洞。”他最终得出这样的结论：“首先，我并没有遇到《自由比利时报》的一位专栏作家最近所描写的‘绝望地尝试保护自己的文化和传统’的维吾尔族民众，我遇到的却是一个在自己的语

① 居伊・斯皮塔埃尔，《趋势周刊》，2005年12月8日。

言里，扫盲率达到98%的民族。”

然而，当时的自治区政府主席努尔·白克力却提醒我们应当同“三股势力”做斗争，即“民族分裂势力、宗教极端势力、暴力恐怖势力”。

根据行程安排，我们再一次来到了西安，再一次满怀兴致地参观了秦朝的兵马俑，看到了附近的新考古发现。离开中国前，我们从香港过境，当时的比利时驻香港总领事帕特里克·尼斯和比利时驻北京大使先后接见了我们。

在旅行过程中，我们想提什么问题就提什么问题，包括那些最尖刻的问题。我不能说我们所有的问题都得到了满意的答复，但是，这些答复至少向我们证实了以下几点：在西方，人们通常不了解中国的外交方向；我们没有权力把我们的价值体系强加给全世界。

此外，居伊·斯皮塔埃尔还撰写了著作《中国和美国会开战吗？》。《费加罗报》[①] 对此做出评论：“然而，居伊·斯皮塔埃尔的推理方法，除了出色的教导人的口气外，以一种‘平衡文化’让人信服。这种‘平衡文化’意外地糅合了基辛格式的现实主义(《均势》）和汤因比式的理想主义。[②]”

居伊·斯皮塔埃尔于2012年8月21日逝世。我失去了一位非常要好的朋友。

我们的新疆之行尽管算不上很完美，却明显地引起了我们对

① 《费加罗报》，2007年4月4日。
② 居伊·斯皮塔埃尔，《中国和美国会开战吗？》，布鲁塞尔，吕克·皮雷出版社，2007年2月。

中国少数民族命运的关注。在这种背景下，西藏的情况又是什么样子呢？

多年来，西藏让多少作家着迷，从而创作出多少传奇小说和故事。由于西藏遥不可及，又以佛教文化而著称，西方人对她有着各种各样的想象，渴望找到异国情调和美妙的感觉。然而，不能因为有了传奇而忘记现实。

1949 年以前的西藏根本就不是什么天堂。原来的西藏是这样的：寺庙阻挠各种改革，贵族们抓住他们的特权死死不放，“政教合一”的体制视农奴制为合法。奴隶主可以买卖、转让、交换奴隶，并不把他们当人看，而把他们看成是会说话的牛马……

1951 年，95% 的西藏人为文盲。藏传佛教和中国皇帝的关系可以追溯到元朝统治下的 13 世纪。当时藏人设想的西藏与中国的关系应该是宗教大师和世俗保护人的关系。达赖喇嘛和班禅喇嘛的头衔是皇帝的宗教事务顾问和皇家寺庙的住持，而皇帝则是喇嘛的保护人，进而也是西藏的保护人。皇帝为喇嘛提供物质援助和军事保护，而达赖喇嘛则显而易见的是皇帝的附庸。从 1720 年到 1911 年，西藏依附于清王朝。通过签订 1906 年 4 月 27 日的《中英条约》，英国承认中国对西藏拥有主权。1907 年 8 月 31 日签订的《中俄条约》，也承认中国对西藏拥有主权。

1950 年，刚刚解放了大半个中国的解放军，在为赶走日本侵略者做出了巨大贡献之后，进驻拉萨，并展开一系列的改革，其中最重要的改革就是废除农奴制。几十万农奴重新获得了人的尊严。1956 年，日益失去权力的教职人员和贵族发动叛乱。1959 年，他们又发动了一场叛乱。达赖喇嘛本人也承认，这场叛乱是由美国中央情报局资助和武装的。叛乱失败后，叛乱的领导人逃到了印度的达兰萨拉。

文化大革命期间（1966–1976年），这里也和全国一样，一群一群的红卫兵捣毁寺庙，迫害僧尼，从而使这一时期成为中国当代史上最黑暗的一页。

从20世纪80年代开始，政府付出了巨大的努力，以便抹掉这场悲剧的痕迹。这就是加快发展，加快现代化。一条连接中国内地和拉萨的铁路，几个连接西藏和世界各地的机场使得西藏与国内其他地区连成一体……亚洲的几条大河都发源于西藏：恒河、印度河、布拉马普特拉河、黄河、长江和湄公河；西藏的铀、矾土、铜、锂、石油和煤气的储量也很丰富。因此，毫不奇怪，西藏成为各方利益窥视的对象。

同中国其他地方一样，西藏也有许多问题需要解决，有经济领域的问题，也有文化领域的问题。目前，联合国以及包括比利时在内的几乎所有的国家都承认，只有一个中国，西藏是中国不可分割的组成部分。

至于达赖喇嘛，他的真名叫丹增嘉措。他是在名叫海因里希·哈勒的纳粹导师的严格管教下接受部分教育的。他的导师是奥地利人，1912年出生，21岁时加入纳粹冲锋队，26岁时加入德国党卫军（1938年5月1日加入，番号为6307081）。这位导师是一名优秀的登山运动员，曾从欧洲出发去征服喜马拉雅山上的许多高峰。这时希特勒接见了他，并向他表示祝贺。对于希姆莱而言，海因里希·哈勒就是“唯一可以迎战杀手山的雅利安超人”的象征。在印度被英国人抓获后，海因里希·哈勒成功地从位于喜马拉雅山山脚的德拉敦营地逃跑，并进入西藏。他很快就成为十四世达赖喇嘛的导师[①]。海因里希·哈勒1951年离开西藏，但却充当达赖和美国中央情报局的中间人。1956年、1984年和1992年，这对师生三度相会。2002年，在（奥地利霍腾贝格）海因里希·哈勒博物馆开馆仪式上，达赖喇嘛颁发给昔日纳粹恩师一枚真理之光奖章。奥地利极右翼领导人约尔格·海德尔也出席了开馆仪式。海因里希·哈勒于2006年1月7日离世。

民族国家的形成是一个很复杂的问题，它不光涉及到中国，别的国家也难以幸免。比如西班牙的加泰罗尼亚和巴斯克地区一直在闹分裂；法国的布列塔尼、阿尔萨斯和科西嘉岛也一直在闹分裂；类似的还有英国的苏格兰、威尔士和北爱尔兰……比利时的弗兰德斯和瓦隆一直不团结，意大利北部的帕达尼亚也在闹分裂。更不用说巴尔干地区和数不清的非洲国家了。非洲国家的边界线是20世纪的殖民列强[②]在1885年2月26日的柏林会议上随意划定的。1900年，世界上只有46个主权国家，别的地方都在殖民统治之下。而到了2011年，世界上有将近200个国家，其中193个国家为联合国的成员国。

现在回到2009年9月。世俗犹太人中心庆祝其成立50周年[③]，学术会议在布鲁塞尔市政厅举办婚礼的大礼堂举行。在这次会议上，

① 第二次世界大战期间，希姆莱派往拉萨的纳粹使者展示纳粹十字勋章作为达赖喇嘛和纳粹友谊的象征，因为达赖喇嘛已和“纯种的雅利安人”结合在了一起，而纳粹则宣称自己是“纯种的雅利安人”。

② 广袤的非洲被欧洲人视为一块无主的土地，就像一块普普通通的苹果塔一样被分割了……非洲居民，更不用说蛋塔上的苹果，甚至都没有说话的机会。

③《关注》期刊，它的出版在当时非常引人注目。主编尼古拉·佐墨茨坦的社论让我茅塞顿开。

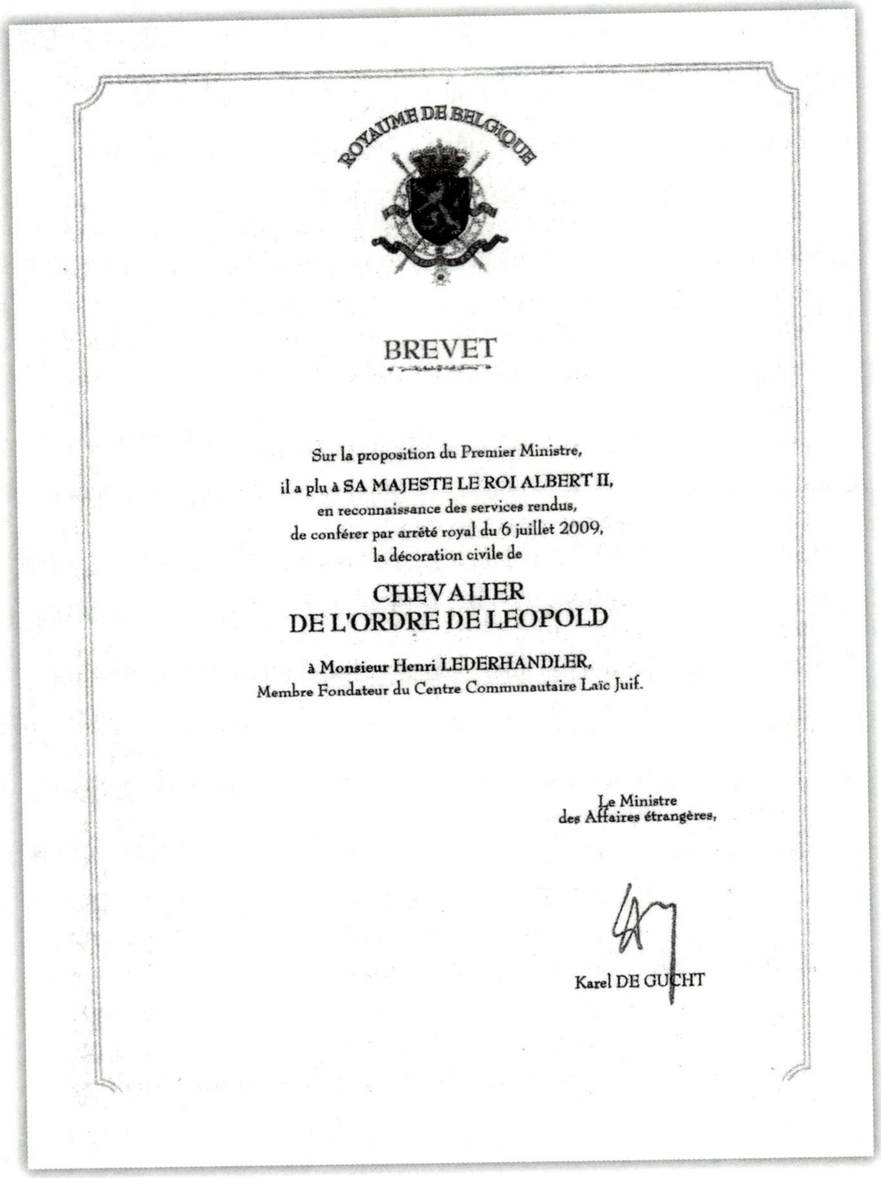

ROYAUME DE BELGIQUE

BREVET

Sur la proposition du Premier Ministre,
il a plu à SA MAJESTE LE ROI ALBERT II,
en reconnaissance des services rendus,
de conférer par arrêté royal du 6 juillet 2009,
la décoration civile de

CHEVALIER
DE L'ORDRE DE LEOPOLD

à Monsieur Henri LEDERHANDLER,
Membre Fondateur du Centre Communautaire Laïc Juif.

Le Ministre
des Affaires étrangères,

Karel DE GUCHT

作为世俗犹太人中心创始成员，我被授予利奥波德骑士勋章。

包括我在内的8位世俗犹太人中心的创始人荣获利奥波德骑士勋章。勋章由当时的总理范龙佩向我们颁发。

在庆祝中华人民共和国成立60周年的集会上，我再次遇到了范龙佩。庆祝活动在布鲁塞尔皇家音乐学院举行。范龙佩发表了简短精辟的讲话。我把总理送到他的车上，并对他说："你在接替伏思达出任总理以来，已经成功地让比利时走上正轨。"我坚信他能成功地解决布鲁塞尔－哈勒维尔福德区的棘手问题……他回答道："我将尽力而为，但是不好解决。"没过多久，他当上了欧洲理事会主席。

我之所以提起这次会晤，是因为我特别欣赏他在2012年9月第15次中欧峰会上的讲话。峰会在埃格蒙特－阿森伯格宫举行，我也有幸出席。

在一次记者招待会上，他明确表示："中国的成功符合欧洲的根本利益。"这份简短的宣言非同小可。它是2003年两大实体建立战略合作伙伴关系所结出的硕果。众议院院长安德烈·弗拉奥的评价更高："中国的成功不仅仅符合欧洲的利益，同时也符合全世界的利益。中国地域辽阔，人口众多，依据自己的经验和潜力，发挥带头作用。因此，欧洲需要中国成功，世界也需要中国成功。"经济合作和发展组织甚至预言"四年以后，中国将成为世界上第一经济强国①。"这很有可能。

① 世界贸易组织的文章。

事实上，自2003年以来，欧洲和中国已经建立了60多项对话机制，以便就国际问题保持沟通。欧盟已经成为中国的第一大贸易伙伴，而中国则是欧盟的第二大贸易伙伴。两大实体的交往越来越频繁，2011年，有将近200万中国人来欧洲旅游或学习。

另一方面，中国也加大了在欧洲的投资，尤其是在比利时。2011年，有4676家中国公司在欧洲的28个国家落户。中国收购一些濒临破产的企业，为几万名员工挽回了工作岗位。

人们经常问我这样一个问题："为什么中国对欧洲感兴趣？"我认为中国一直希望有一个多极世界，而不是两极世界，与美国发生正面冲突不是一件好事。一个欧洲独立发挥作用的世界对中国更为有利。同时，中国也很清楚，欧洲目前总是处在危机之中，根本不可能对中国采取一致行动。尽管发表了善意的宣言，但欧洲更像一个"战略凌乱的后现代团体，根本不可能用一种声音说话[①]。"李约瑟很好地概括了我在欧洲对华态度上的感受："土生土长的欧洲人和移居到美洲的欧洲人都为他们的傲慢心态而苦恼。他们固执地认为他们自己的文明是人类文明的唯一形式。他们对亚洲人民的知识观念、社会观念和文化传统全然不知，却认为把他们自己的思想，他们自己的政治制度等等强加给别的民族很正常（……）。同时，他们还传播一种本身就自相矛盾的文化（……），他们的生活方式腐蚀和破坏了所有邻近的文化（……）。

① 顾德明（欧洲对外关系委员会政策研究员），《欧盟因对华政策不一致而苦恼》，参见2009年7月《日内瓦论坛报》。

正因为有了这种心态，他们到处兼并，发动战争到处征服，到处‘讨伐’[①]。”

① 李约瑟《中华科学文明史》，巴黎，埃尔曼出版社，1974年。《发现中国》（巴黎，博尔达斯出版社，1981年）的作者雅克·布罗斯也认为：“直至当代之前，中国对于西方来说一直是一个谜，一个传说。有时中国令西方着迷，西方对中国顶礼膜拜；但有时西方却对中国嗤之以鼻，把中国当作满足自己野心和贪欲的猎物。一个国家不仅拥有世界四分之一的人口，而且还拥有一种文明，这种文明一直持续到今天，而且也最灿烂。我们怎么还能对这样的国家全然不知呢？今天是了解它的时候了（……）。我们通常很盲目，在我们眼里，中国一直在发生变化（……）。这些悄然变化构成了欧洲的形而上学最难解释的东西，相反，中国文化却持续关注它们。”

20. 总结和对未来中国的展望

我们不能因为放弃了完美世界的幻想而放弃建设一个更加美好的世界。

埃德加·莫兰《通往人类未来的道路》，
法亚尔出版社，2012 年

自 1955 年以来，我已经去过中国 70 多次，许多人向我请教，并问我对这个国家的看法。这个国家与我们的国家大不相同，要想了解它，“除非想拥有了解它的钥匙[①]。”因为我深信未来的 30 年将改变世界，中国将成为世界头等强国。以下就是我大体上对中国的想法和看法。

仅凭她的国土面积——960 万平方公里——和她的人口数

① 埃德加·莫兰，《教育要面向全球化时代》，巴黎，巴朗出版社，2003 年。

量——14亿人口——，怎么形容中国都不为过。中国的成就和遭遇的挫折与其国土面积的大小很相称。中国人口每天大约增加4.8万人，这些人需要吃饭、穿衣、住房、受教育、接受治疗、就业，等等。更为糟糕的是，今天出生的男孩比女孩多。这种男女出生比例的不平衡如果持续下去，到了2020年，很有可能会出现这样的一个社会，那就是几百万男人找不到人生伴侣。独生子女政策正在松动，一个庞大的社会保障计划正在酝酿之中，这样养老问题就不会成为年轻人的负担。同时，从长远看，国家也不会缺乏劳动力。

中国是一个多民族国家：汉族约占全国人口的90%，另外约10%的人口属于与汉族文化不同的其他民族，其居住面积超过国土面积的60%。保持不同文化的和谐，确保民族团结，维护社会稳定，打击恐怖主义和分裂主义是政府的首要任务。更何况这些地区在全球都具有战略意义，一些强国一直虎视眈眈，其中就包括俄罗斯和英国。显而易见，我指的是西藏和新疆。

工业化的快速发展和城市面积的不断扩展所带来的后果就是环境急遽恶化，北京是世界上污染最严重的城市之一。正因为中国只拥有全球7%的可耕地，但却要养活全球21%的人口，所以江河湖泊所遭遇的严重污染更加让人触目惊心。据中国政府提供的数据，有近3.2亿居民喝不上清洁饮用水。最近发生的将有毒产品倒入某些江河的事件更进一步证实了问题的严重性，以及需要付出的经济和社会代价。政府对环境污染企业采取了严厉的措施（关闭或迁移污染工厂、净化江河、对乱扔有毒产品的责任人进行处理，等等），这事关全国人民的健康问题。这就是一场博弈：一些人为了发家致富，不择手段，甚至不惜犯罪；而另一些人则誓死保护下一代。

中国模式正在发生变化。1979年以前，个人的首创精神不被鼓励，最大多数人的生活条件很难改善，步履艰难。整个中国生活在集权体制之下。邓小平是自上个世纪80年代以来资格最老的国家领导人之一，他与一些经济学家和专家意识到了这一问题。他们都遭受过“文化大革命”的苦难，从中汲取教训，并于1979年发起了人们可以称之为“中国第二场革命”的改革，鼓励私营经济参与国家的发展。当时很时髦的口号就是“发家致富”。

中国经济所经受的这场突如其来的革命使中国成为世界上第二大经济强国，国内生产总值的年均增长率超过10%（2012年除外，但这一年的增长率仍然达到7.8%）。我们可以给这场革命画一张示意图：首先是建立经济特区；为了继续革命，先是成立合资公司，然后是利用外资。但是这场革命同时也引发了政治领域和社会各阶层行为方式方面的巨大变化。1981年以来，先后有6.6亿中国人告别了贫困。2009年，亚历山大·阿德勒是这样评价这场革命的：“自从1978年底邓小平发起了一场真正的革命以来，中国生活在贫困线以下的人口在1980年前后占总人口的三分之二，今天减少到占总人口的三分之一。中国因此为人类做出了巨大贡献[①]。”我很高兴他做出这样的评价。当年的中产阶级变成了21

① 《为中国辩护》，见2009年12月27日《费加罗报》。

世纪中国最富有的阶层。与此相反，收入差距在逐渐增大，国际名牌产品销量一路看好；腐败变成了一部分人的生财之道，于是就出现了亿万富翁阶层；与此同时仍有 1 亿中国人生活在贫困线以下。上述信息来自中国共产党第十八次全国大表大会报告。

然而，我基本上还是很乐观的。我有两个理由：首先，在 2012 年的全国人大会上，温家宝总理表明了这样的愿望，不深化改革，中国将有可能失去近三十年来改革开放所取得的成果。其次，2012 年 11 月召开的中国共产党第十八次全国代表大会迈出了更大的步伐。这次大会的首要任务就是反对腐败，缩小收入差距。

之所以有这种清醒的认识，是因为我长期关注中国政治。我对中国的政治很好奇，也是许多政治事件的见证人：平衡棒向两端的倾斜——左或右——是为了让走钢丝演员趋于最佳平衡、达到更好的和谐，是改正错误的更实事求是的做法。

总而言之，中国的发展进程不会风平浪静。西方世界经历了多少个世纪才达到今天的生活水平，即便如此，西方世界仍有多少不平之事有待解决。

我对中国很有信心。有些人可能觉得这是一种“盲目”的自信。但是我的自信来源于我的经历，我经历过这个国家历史上非常困难的时期，尤其是“大跃进”（1958 年 -1960 年年初）的挫折和“文化大革命”（1966-1976 年）。我亲眼看到困难是怎样被克服的。这并不是说中国一切都好，或者中国将来不会发生悲剧性的事件。但是即便在很困难的情况下，中国人民也从来没有屈服过。

中国仍然需要发扬民主，但不能照搬西方的制度或别的什么制度，这些制度不适合中国。中国不存在种姓制度，而在印度，这个被视为“世界上最大的民主国家”里，这种不平等的社会组织却长期存在。印度的大部分可耕地属于几个家族，而与印度相反，中国的土地属于人民。

听到来自中国的声音，我们就能理解她的长处和短处、她的成功和失败。尽管顽疾难以治愈，她的潜力仍然巨大。这样我们就可以对这个伟大的国家形成一种不带偏见的看法。

结束语
李克强（副）总理到我家做客

我最近与一件具有世界影响力的事件连在了一起：中国共产党第十八次全国代表大会。

事情是这样的：2012年4月初，中国驻比利时大使廖力强与我联系，并告诉我李克强副总理将于5月初对比利时进行正式访问。我当时不认识李克强。“李”是他的姓，这实际上就是我对他唯一的了解。李克强于1955年7月出生在安徽省的一个官员家庭，安徽省具有悠久的产茶历史。文化大革命期间，李克强作为“知青”，于1974年被下放到一个与他母亲出生地不远的村庄里。李克强和同志们平等相处，不逃避农活。他以优异的成绩考入北京大学，学习法律，后来又攻读经济学专业，并获得经济学博士学位。1982年，李克强当选北京大学团委书记。1993年至1998年，李克强担任共青团中央书记处第一书记。1999年，李克强被任命为河南省省长。2007年，李克强当选中共中央政治局常委。

那些在他学习期间认识他的人都说，他是一个注重实效的人，办事认真，干得多却说得少。李克强不属于“太子党”，因为他的父亲只是省里的一名普通干部。他纯粹是凭自己的真才实学一步一步干上去的，而不是靠大人物之间的关系网爬上去的。他认为自己性格开朗，对改革思路很感兴趣，同时也讲究实效。他并不是只说不干的行家。在河南省工作期间，他总是想方设法，尽力保障食品、能源、住房和医药安全，力争言行一致。

简而言之，中国大使告诉我，李克强希望会见一位中国的老朋友，于是他就选定了我。我很高兴，并感谢他给予我这么高的礼遇。我们为这么重要的访问制定了必要的安全措施。一切都按比利时外交部礼宾司的安排进行，礼宾司为李克强准备了一个护卫队供他调遣，同时也准备提供安全服务。

2012 年 5 月 2 日早晨，一条长长的车队停在了我家门口。我在全家人的陪同下前去迎接。车队里除了李克强和中国驻布鲁塞尔大使外，还有好几个副部长和中国外交部的几位高级官员，中国报刊、广播电台和电视台的记者，以及中国国际贸易促进委员会驻布鲁塞尔办事处的两位代表。这是中国这么高级别的领导人首次到一个比利时家庭做客。

大家在客厅里总算勉勉强强地坐了下来。我的爱妻多迪，我的孩子达尼埃尔、埃里克和安娜自然也在其中。因为中国大使事先告诉我，如果我愿意的话，也可以邀请几位比利时朋友，所以我请来了比中经贸委员会主席贝尔纳·德威特、布鲁塞尔当代中国研究所所长和布鲁塞尔自由大学国际关系学教授古斯塔夫·格拉茨，以及原北京外国语大学法国语言文学教授、参与本书撰写的合伙人塞尔日·佩鲁。

大家都坐在一起，多少有点儿拘谨，但气氛却很欢快。最不拘谨的要数李克强。我给他看一组照片，这些照片证明了我自1955年以来同许多中国领导人会面的情景。我特别让他看我和周恩来在一起的那张照片，他对这张照片最感兴趣。然后，我就对他说，其实我了解中国比他还早，因为我第一次去中国是在1955年4月，而他在同年的7月才出生。这句话引得他哈哈大笑。我还告诉他，如果说他以前领导过中国共产主义青年团的话，那我也领导过比利时共产主义青年团……最后，我情不自禁地提醒他注意，我们两个都姓李！又是一阵笑声。这远不是一个礼节性的会晤，更看不到新闻记者对中国人的描述：面无表情，不可猜测，捉摸不透。气氛活跃起来以后，我邀请的客人们也同我们的中国贵宾交谈了几句。

大使很担心时间问题，李克强和比利时总理埃利奥·迪吕波在埃格蒙特—阿森伯格宫还有会谈。离别的时刻终于来到了，告别之前先交换礼物，我们相约北京再见。李克强知道我正在写这本书，坚决要求等这本书出版后能寄给他一本……

在总理为招待中国代表团而举办的午餐会上，我们又相遇了，但气氛却截然不同，作陪的是我们国家政界和商界的一些头面人物。

几个星期以后，中国共产党第十八次全国代表大会于2012年11月8日在北京开幕。李克强再次成为中共中央政治局七名常委中的一员，他每天也要面临相同的问题：“我今天怎么做才能更好地为我的国家服务，为十四亿同胞服务？”

经历了那么多的风风雨雨，我禁不住把目光转向过去，然后再把目光投向未来。是的，我出生于一个贫困的家庭，这个家庭经受了上个世纪最难以忍受的苦难，反犹太主义，纳粹德国针对犹太人的大屠杀，贫困。是的，我被人出卖过，被人诽谤过，作为异己被人排挤过，因没有本事被人打压过，曾被人看成是知识界的“恐怖分子”……但是，在那些我可以用“你”来称呼的人的帮助下，我一直在抗争，力求走出困境。我终于趾高气扬地走出来了，我成功地赋予我的生命一种意义，我现在比任何时候都更加坚信，在每个人的心底里，都潜藏着可以重新站起来的力量。

我很快就 80 岁了。于是我重新上路，与其心惊胆战地等待还不如抓住时机进行创新。

亨利·勒德汉德勒

（李德汉）

2012 年 12 月

亨利·勒德汉德勒感谢塞尔日·佩鲁、
贝尔纳·德威特和埃马纽埃尔·奥朗带。